네꿈은뭐니?

10대를 위한 행복한 진로

네꿈은뭐니?

10대를 위한 행복한 진로

백은영 지음
고현열 그림

이지북
ez-book

여러분 인생에 기적을 창조하세요!

"여러분 인생에 기적을 창조하세요!"

선생님은 이 말을 처음 들었던 날의 기억을 잊을 수가 없답니다. 그날은 고1 어느 봄날이었어요. 점심을 먹고 체육을 한 다음 정치경제 수업이었답니다. 선생님을 비롯해 거의 대부분의 친구들이 비몽사몽 하는 수업이었거든요. 그런데 선생님께서 "여러분 인생에 기적을 창조하세요!"라고 말씀하시는 거예요.

수업의 앞과 뒤는 생각나지 않았지만 선생님의 말씀은 머리를 한 대 맞은 듯한 느낌이 들 정도로 강렬한 것이었어요. 그리곤 생각했죠. '내 인생에 기적을 창조하는 것은 뭐가 있을까?' 선생님은 그 당시 우리 반 70명 중에서 38등을 하던 지극히 평범한 학생이었거든요. 게다가 초등학교 때는 줄곧 꼴찌에서 두 번째였답니다. 이런 내가 과연 내 인생에 기적을 창조할 수 있을까라는 생각을 했고, 그때 갑자기 발칙한 상상을 했답니다.

'그래, 내가 이 학교에서 공부를 잘하는 학생도 아니고, 아마 나는 대학도 못 가게 될 거야. 그런데 말이지, 이런 나도 이 학교에서 졸업할 때 성적 향상이 가장 많이 된 학생으로 기억될 수는 있을 거야. 이것을 내 인생의 기적으로 창조해보자'라고 결심했죠.

뛰는 가슴으로 집에 돌아와 문방구에서 커다란 모눈종이를 몇 장 사서 그때 내 나이(17세)부터 내가 죽고 싶은 나이(83세)까지 쓰고 인생 계획을 세웠답니다. 다른 종이에는 고3 때까지의 학습 계획을 쓰고, 나머지 종이에는 주간 계획을 세우고 철저히 지키려고 노력하였답니다.

그 결과 어떻게 되었는지 궁금하시죠?

대입 시험 성적을 알려주는 날, 담임선생님께서 제 성적을 알려주시려다 갑자기 교무실로 내려가셨어요. 세 성적이 잘못 나왔다고 생각하시고 사실 확인을 하러 가신 거였답니다. 반에서 2등이었거든요. 선생님을 야속하게 생각하기도 했지만, 선생님도 믿기지 않을 정도였다면 내 인생에 기적을 창조한 것이 아닐까요?

청소년 여러분!

여러분도 인생에 기적을 창조해보세요.

선생님이 한 것은 여러분도 할 수 있답니다.

여러분이 가진 가장 큰 고민이 진로 문제와 공부 문제일 거예요. 많은 친구들이 공부를 힘들어하고 재미없어하죠. 그러나 어떤 친구들은 공부가 힘들고 재미없지만 이겨내고 있고, 심지어는 공부를 재미있어하는 친구들도 있답니다. 두 부류의 친구들은 무슨 차이가 있어서 같은 학교를 다니면서도 다른 태도를 보이는 걸까요?

그 이유는 공부를 대하는 태도에 있는데, 앞의 친구들은 공부하는 데 의미 부여가 안 된 친구들이고, 뒤의 친구들은 공부에 의미 부여를 한 친구들이랍니다. 이처럼 공부에 의미 부여를 할 수 있게 만들어주는 것이 '꿈'이랍니다. 자신이 이루고 싶은 목표가 확고할 때, 그리고 간절할 때 그 꿈을 향해 한 걸음 한 걸음 다가가도록 만드는 징검다리(stepping stone)가 공부이기 때문이죠. 여러분이 공부가 힘들고 재미없다고 느끼는 것은 아직 '꿈'을 갖지 않았기 때문이 아닐까요?

이 책을 통해 어떻게 꿈을 가져야 하는지, 꿈을 갖기 위해 나를 어떻게 알아가고, 꿈을 향해 나아가기 위한 징검다리인 독서, 공부, 외부 교육 등은 어떻게 해야 하는지 알아볼 거예요. 여러분이 가장 힘들어하는 공부에 에너지를 적게 들이기 위한 방법인 학습 에너지론에 대해서도 알아볼 거랍니다. 꿈을 이루는 데 가장 중요한 가치관과 주도성은 어떻게 가져야 하는지, 그리고 여러분의 능력은 어떻게 보여주어야 하는지에 대해 이 책은 자세히 알려줄 거예요.

여러분! 만나게 되어 반가워요.
이 책을 통해 여러분의 인생에 기적을 창조하세요.

진로교육 전문가 백은영

stepping stone I
진로가 고민이에요!

stepping stone II
나를 어떻게 알 수 있죠?

stepping stone
1

진로가
고민이에요!

여러분 안에는 수많은 잠재능력이 있습니다. 여러분의 잠재된 능력을 자신이 원하는 직업과 관련된 핵심 역량으로 만들어 가는 과정이 바로 '진로'입니다.

진로가 무슨 뜻이에요?

진로(進路)는 '나아가는 길'이란 뜻이에요. 사람은 누구나 태어나서 죽을 때까지 자신만의 진로를 가게 돼요. 여러분이 나아갈 수 있는 길은 하나가 아니겠죠? 수많은 길이 펼쳐지고, 여러분은 사신만의 길로 나아가기 위해 하나를 선택해야 하니까 진로는 매 순간 '선택의 연속'이라고 생각하면 돼요. 그래서 진로라는 단어를 떠올릴 때 고민이 되는 거예요.

진로에 대한 고민은 여러분만 하는 것이 아니라 어린아이부터 노인까지 생명이 있는 사람은 누구나 하게 되는 거예요. 특히 여러분은 학생이기 때문에 공부가 진로라고 생각할 수 있어요. 그러나 진로는 공부만을 의미하는 것이 아니라 어렸을 때는 놀이가 될 수도 있고, 어른에게는 직업 선택이나 직장 선택, 직업을 바꾸는 일, 결혼 등이 해당되며, 노인들은 여가를 어떻게 보낼 것인가, 어떻게 죽을 것인가도 진로가 되는 거예요. 그러니 진로라는 개념은 매우 넓죠.

아마도 여러분은 학생이기 때문에 어떻게 하면 공부를 더 잘할 수 있을까, 어떤 학교로 진학할까, 어떤 학과를 선택하고 직업은 어떤 것을 선택할까 하는 고민이 많을 거예요. 여러분이 가장 궁금해하는 고민들을 해결할 수 있도록 도와줄게요.

공부는 왜 해야 하는 거죠?

여러분, 공부 하면 무엇이 떠오르나요? 혹시 성적인가요?

'공부'는 원래 중국어로 궁푸[工夫]에서 유래했어요. 궁푸는 '훈련'이란 뜻이죠. 무엇을 위한 훈련일까요? 성적을 위한 훈련이라고 생각되나요?

사람의 일생은 매 시기마다 하는 업(業)에 따라 유아기에는 '놀이', 아동·청소년기에는 '공부', 성인기에는 '일', 노인기에는 '여가'가 주요한 활동, 즉 업이 되지요. 그래서 유아기에 제대로 놀았던 아이가 아동·청소년기에는 공부를 잘할 수 있고, 공부를 잘한 사람이 직업을 가졌을 때도 일을 잘할 수 있어요.

그리고 직업 생활을 잘했던 사람이 노인이 되어 만족할 만한 여가를 가질 수 있는 거예요. 이 모든 업을 열심히 한 사람은 결국 행복한 삶을 살게 되는 거랍니다.

유아기에 놀이를 제대로 했다는 의미는 시간을 많이 들여 놀았다는 것이 아니라 놀이를 통해 인생에 필요한 공부를 했다는 의미예요. 예를 들어 여러분이 저녁 무렵 놀이터에서 놀고 있다고 가정해보아요. 배는 고프고 집에 빨리 들어가서 식구들과 저녁을 먹고 싶죠. 그런데 함께 노는 친구가 너무 신나 있는 거예요. 그런 경우 여러분은 어떻게 했나요? '나 배고프니까 집에 갈래' 하고 집으로 갔나요? 아니면, 신나게 노는 친구를 배려해 배고픈 것을 참고 함께 놀아주었나요?

제대로 놀았다는 건 나의 친구를 위해 배고픔을 참는 인내와 친구에 대한 배려와 성실성, 집중 등을 공부했다는 의미예요. 이런 것이 몸에 밴 친구는 후에 학교에 들어가 공부를 할 때도 그간 훈련해 놓은 인내와 집중, 성실성 등을 토대로 공부를 제대로 할 수 있다는 말이지요. 그래서 제대로 논 친구가 제대로 공부할 수 있는 거예요.

아직도 공부를 잘한다는 것이 성적이 좋다는 의미로 들리나요? 공부를 잘한다는 것은 성적이 좋다는 의미라기보다는 공부를 통해 직업 생활이나 인생을 살아가는 데 필요한 '역량'을 길렀다는 의미예요.

예를 들면, 공부를 제대로 하는 학생은 일단 공부 습관이 들었을 것이고, 습관이란 적어도 30회 이상의 반복으로 들여지는 것인 만큼 이는 인내와 끈기를 갖고 어려움을 이겨냈다는 의미예요. 이런 인내와 끈기는 직업과 인생에 꼭 필요한 역량이잖아요. 여기에다 공부를 통해 기를 수 있는 힘들, 즉 성실성, 집중력, 자제력(만족 지연 능력), 노력 들이 길러지고, 이것이 학교를 나와 사회에서 생활할 때 필요한 힘이기 때문에, 공부를 제대로 한 학생이 좋은 직장인이 되고 좋은 사회인이 되는 거예요. 이 모든 것을 해낸다면 참 좋은 사람이 되겠죠.

단지 성적이 좋은 친구나 성적이 좋았던 어른들이 반드시 행복할까요? 그럴 수도 있고 그렇지 않을 수도 있어요. 어떤 친구들은 조금만 노력해도 성적이 좋은가 하면, 아무리 노력해도 이런 친구들을 따라갈 수 없는 친구들도 있어요. 그러나 분명한 것은, 자신에게 부족한 부분을 채우기 위해 노력함으로써 지금의 나보다 향상되고 성장하는 것이야말로 제대로 공부하는 것이라는 점이에요. 그래서 성적은 내가 노력해서 지금보다 성적이 향상되는 데 의미가 있는 것이지 점수 그 자체가 중요한 것은 아니에요.

그러니 공부를 지겹다거나 싫어할 필요가 없는 거지요. 미래에 필요한 힘을 키우기 위해 지금 하는 공부를 훈련으로 생각하고 미래에 조금 더 나아지는 나를 상상하며 매 순간 열심히 공부한다면, 공부에 대한 여러분의 생각이 달라질 거예요.

학생 때 공부를 통해 하는 훈련을 게을리하면 사회에 나갔을 때 더 힘들게 그 훈련을 해야 해요. 오히려 학생 때 훈련을 해두어 인생에 필요한 역량을 기른다고 생각하고 공부에 임하면 성적도 오르고 사회생활에 필요한 힘도 기를 수 있으니 일거양득이겠죠. 당장 오늘부터 공부에 대한 생각을 바꾸고 지금 하는 공부가 '멋진 나'를 키울 거라는 생각으로 '행복한 공부'를 시작해보세요.

일은 왜 하는 거죠?

일에는 돈을 받는 일과 돈을 받지 않는 일이 있어요. 돈을 받는 일을 직업이라고 하죠. 돈을 받지 않고 하는 일에는 봉사 활동 같은 것들이 있어요. 우리가 직업을 가져야 되는 이유는 우리의 삶을 스스로 책임질 수 있는 경제적 능력을 갖기 위해서예요. 여러분은 성인이 되어서도 부모님에게 용돈을 타서 쓸 건가요? 만약 그렇다면 나이만 성인이 된 것이지 진정한 의미의 성인이라고는 할 수 없겠죠. 성인은 자신의 생활과 결혼하였을 때 가정의 생활을 책임질 수 있어야 해요. 그러기 위해서는 돈을 벌 수 있는 직업을 가져야 하지요.

돈을 버는 것 외에 직업은 사회에 기여할 수 있는 기회를 주어 우리에게 성취감과 만족감, 행복감을 준답니다. 이것을 '자아실현'이라고 해요. 자아실현이란 자신이 갖고 있는 잠재 능력(아직 능력이 발현되지는 않았지만 각자 가지고 있는 능력들)을 개발한다는 의미예요. 공부를 열심히 해서 성적이 오르면 성취감과 만족감, 행복감을 느끼는 것과 마찬가지로, 직업을 통해서 여러분의 잠재 능력을 열심히 개발하면 이런 느낌을 갖게 되는 거예요. 참 행복하겠죠?

그래서 사람들은 자신의 잠재 능력과 일치하는 직업을 가질 때 행복한 직업인이 되는 거예요. 가장 나다운 직업인 거죠. 남들의 눈이 중요한 것이 아니라, 내가 신나서 할 수 있고 노력해서 잘할 수 있는 직업이 나의 직업이 될 때 가장 행복한 '나'가 되는 것이랍니다.

직업을 가지면 행복한가요?

사람에게는 '욕구'가 있어요. 욕구는 '결핍'과 비슷한 의미예요. 사람들이 결핍을 느끼면 행복하다는 느낌이 줄어들고 결핍이 채워지면 행복감을 느끼죠. 그래서 욕구나 결핍은 '사람을 움직이게 하는 힘'이라고 할 수 있어요.

사람의 욕구에는 어떤 것들이 있을까요? 욕구에는 '생존의 욕구', '사랑과 소속의 욕구', '힘의 욕구', '자유의 욕구', '즐거움의 욕구'가 있어요. 직업은 이 모든 욕구를 채워줄 수 있기 때문에 직업을 가지면 행복해질 수 있어요.

생존의 욕구는 나의 생존에 필요한 것을 갖고 싶은 욕구예요. 생존에 필요한 것들로는 무엇이 있을까요? 먹을 것, 입을 것, 살 곳, 건강 등이 있는데 이것을 갖추기 위해서는 돈이 필요하죠. 우리는 직업을 통해 돈을 벌 수 있기 때문에 직업은 생존의 욕구를 채워줄 수 있는 거예요. 이 욕구가 큰 친구들은 돈을 많이 버는 직업을 택할 가능성이 많고, 그런 직업에 만족하게 돼요.

사랑과 소속의 욕구는 사람들과 어울리며 인정받고 싶은 욕구를 말해요. 직업을 통해 많은 사람들과 어울리며 나의 능력을 인정받을 때 이 욕구는 충족이 돼요. 이 욕구가 큰 친구들은 아무리 돈을 많이 버는 직업이라 하더라도 사람들의 사랑을 못 받거나 인정을 못 받을 경우 그 직업을 선택하지 않게 되죠. 이런 친구들은 돈보다는 사랑과 인정을 택하게 되고, 직업이 이런 욕구를 채워준답니다.

힘의 욕구는 자신의 힘을 발휘할 때 행복해지는 욕구예요. 이 욕구가 큰 친구들은 자신의 힘, 특히 능력을 발휘할 수 있는 직업을 찾게 되니 역시 직업이 이런 욕구를 채워준다고 할 수 있겠죠.

자유의 욕구는 얽매이지 않는 자유를 추구하는 욕구예요. 이 욕구가 큰 친구들은 직장에 얽매이지 않고 시간을 자유롭게 활용할 수 있는 직업을 택하게 되죠. 프리랜서 같은 것 말이에요. 돈이 있으면 자유의 시간을 더 가질 수 있기 때문에 직업은 자유의 욕구를 채워줄 수 있답니다.

즐거움의 욕구는 즐거움을 추구하는 욕구로 특히 배움의 즐거움을 말하는 거예요. 우리는 직업을 통해 그 분야를 배우게 되니 직업을 통해 성장하는 즐거움을 누릴 수 있어요. 이처럼 직업을 가진 사람들은 배움의 욕구를 채울 수 있어 더 건강하고 행복한 삶을 살아갈 수 있지요. 그래서 직업을 가지면 행복할 수 있는 거랍니다.

행복한 직업을 갖기 위한 조건은 무엇인가요?

직업이 행복을 가져다주지만 아무 직업이나 행복을 가져다주지는 않아요. 직업을 갖고 있는 어른들을 보면 어떤 어른은 무척 행복해하는가 하면 어떤 어른은 직업 때문에 괴로워하죠. 여러분은 행복한 직업을 갖게 되길 바라요.

행복한 직업을 갖기 위한 조건은 무엇일까요? 우선 자신이 좋아하고 잘할 수 있는 직업이어야 해요. 즉 나에게 맞는 직업이 무엇인가를 알기 위해서는 내가 무엇을 좋아하고(흥미), 잘할 수 있는(능력, 적성, 잠재 능력) 사람인지 알아야 하겠죠? 이것을 '자기 이해'라고 해요. 여기에는 나의 가치관, 열정, 성격, 가정의 경제 상황 등도 해당이 돼요. 이런 것들을 고려한 자기 이해가 된 후 자신과 가장 부합되는 직업을 갖는 것이 행복한 직업 생활을 하기 위한 조건이랍니다.

가치관은 인생을 살아가는데 어디에 중점을 두느냐 하는 것이고, 가치관이 바르냐 그르냐에 따라 그 사람이 가진 능력이 선하게 사용될 수도 있고 악하게 사용될 수도 있는 거예요. 능력을 키우는 것도 중요하지만 더 중요한 것은 올바른 가치관을 갖는 것이라고 할 수 있죠. 한 예로 괴테와 괴벨스를 들 수 있어요. 여러분도 잘 알다시피 괴테는 독일의 대문호로 훌륭한 작품을 통해 많은 사람들에게 좋은 영향과 감동을 주었죠. 그러나 괴벨스는 히틀러 시대에 나치를 선전하는 데 자신의 모든 능력을 사용하여 해를 끼친 사람이랍니다. 두 사람 모두 언어 지능이 뛰어난 사람들이지만, 가치관의 선악에 따라 능력을 쓰는 방향이 달라진 것이죠. 여러분도 바른 가치관을 갖도록 노력해야 해요. 좋은 책과 훌륭한 인물들의 행동을 모범으로 삼아 바른 가치관을 세워가야 하는 거예요.

또 하나 중요한 것은, 자기 이해와 가치관에 맞는 직업을 '스스로 선택'해야 한다는 거예요. 이것을 '주도성'이라고 하는데, 주도적으로 직업 선택을 해야 스스로 선택에 대한 책임을 지고 어떤 어려움이라도 이겨낼 수 있으며, 매 순간을 즐기면서 행복하게 보낼 수 있답니다.

행복한 직업을 가지려면 나는 어떤 사람으로 기억될 것인가를 생각해보세요. 가장 좋은 것은 '내면의 목소리'에 귀를 기울이는 거예요. 우리는 각자 지구라는 땅에서 해야 할 업(業, 소명)을 갖고 태어나는데, 이것은 자신만이 알고 있어요. 그렇기 때문에 조용한 장소와 한가한 시간을 만들어 자신과 대화할 필요가 있답니다. 자신과의 대화를 통해 '가슴이 뜨겁게 원하는 직업'을 찾는 것이야말로 여러분을 행복으로 안내할 테니까요.

꿈에는 두 종류가 있어요

꿈에는 두 종류가 있어요. 거짓 꿈과 진짜 꿈!

거짓 꿈은 내가 원하는 것이 아니라 남이 원하는 꿈을 내 꿈이라고 착각하는 꿈이죠. 주로 부모님이 원하거나 한순간 멋있어 보여 갖게 된 꿈이어서 나의 흥미와 능력, 가치관 등과는 거리가 먼 꿈을 말해요. 이런 꿈은 갖더라도 목표에 다가갈 수 없어요. 설령 거짓 꿈의 목표를 이룬다 할지라도 행복감을 느낄 수 없는 거예요. 자신의 꿈이 아닌 것을 추구하는 것은 자신에 대한 모욕이자 폭력이랍니다. 거짓 꿈은 여러분의 인생에 치명적인 손해를 끼칠 수도 있다는 걸 기억하세요.

그러나 진짜 꿈은 나 스스로 선택했고 나의 특성들과 일치하는 꿈이기 때문에 그 꿈을 향해 달려갈 수 있는 힘이 내 안에서 나오게 되어 목표에 다가가기가 수월한 꿈이에요. 이 꿈을 이루기 위한 모든 과정은 행복감을 가져다주어, 과정 자체가 어렵더라도 이겨낼 수 있어요.

진짜 꿈을 알아내는 방법이 있어요. 자신이 원하는 꿈 리스트를 만들어보아요. 자신이 좋아하는 단어를 써보세요. 그리고 공통점을 발견해보는 거예요. 혼자서 하기 힘들면 상담 선생님을 찾아가 물어보세요. 꿈은 써야 이루어지고, 간절히 원해야 이루어진답니다. 그 이유는, 간절하면 에너지가 모이거든요. 그리고 그 꿈이 절실할수록 이 우주(여러분의 인생)가 여러분을 도울 거예요. 우주는 여러분이 꾸는 꿈이 얼마나 간절한지, 그리고 그것을 이루기 위해 최선을 다해 노력하고 있는지 숨을 죽이고 지켜본답니다. 그 노력에 진정성이 있을 때, 그리고 노력하여 실천하는 양이 임계점을 넘는 그 순간 여러분을 도와준다고해요. 임계점이란 물질의 구조와 성질이 다른 상태로 바뀔 때의 온도와 압력이에요. 중요한 것은, 간절한 노력이 그것을 이룰만큼 찼을 때가 바로 우주가 도와주는 순간이라는 거예요. 그러니 꿈을 이루기 위해 최선을 다해 노력하는 것이 우주가 감동하여 여러분이 능력 이상의 힘을 발휘할 수 있도록 도와주는 시점인 것입니다. 꿈의 크기가 중요한 것이 아니라 '위대한 실천'이 중요한 거지요.

지금 여러분이 하는 노력이 이 우주를 감동시킬 만큼의 노력인가요? 기회는 준비된 사람에게 온다고 하죠? 임계점을 넘는 노력을 했을 때 우주가 주는 선물이 '기회'라는 거예요. 아직 기회가 안 왔다고, 사람들이 나를 알아봐 주지 않는다고 화가 나나요? 아직 노력이 부족하여 준비가 덜 된 거예요. 그러니 겸허하게 자신의 위치를 잘 파악하고 어떤 노력이 더 필요할까를 곰곰이 생각해야 해요. 우주는 겸손한 사람을 좋아하기 때문이랍니다.

천직이란 무엇인가요?

천직이란 타고난 직업이나 직분(vocation, calling)이란 뜻이에요. 아리스토텔레스는 천직을 "당신의 재능과 세상의 필요가 만나는 곳에서 일하는 것"이라고 정의했고, 더 나아가 프레더릭 뷰크너는 소명(calling)을 "마음 깊은 곳에서의 기쁨과 세상의 절실한 요구가 만나는 지점"이라고 정의했어요.

뷰크너는 소명의 정의를 내 마음에서 시작하여 세상의 요구를 향해 나아가는 것으로 보았답니다. 즉 소명의 시작은 나 이외의 사람들이 나에게 원하는 바가 아니라 내 마음 깊은 곳에서 스스로 간절히 원하는 것을 말해요. 정말 나를 기쁘게 하는 것이 무엇인가를 스스로에게 먼저 물어보는 것이 순서랍니다.

파거 J. 피머는 "내가 해야 할 일이 무엇인가"를 묻기 전에 "나는 누구인가"를 먼저 보라고 했고, "인생에서 여러분이 무엇을 이루고자 하기 전에, 인생이 여러분을 통해 무엇을 이루고자 하는지에 귀 기울여라"라는 말을 했어요. 즉, 소명이란 성취해야 할 어떤 목표가 아니라 주어지는 선물이기 때문에, 소명은 내가 무언가를 추구하는 것이 아닌 내가 들어야 할 내 마음속에서 나오는 부름의 소리라는 거죠. 어때요, 여러분은 내 마음 깊은 곳에서 들리는 소리에 귀 기울이고 들어본 적이 있나요?

이 소리는 바로 '나'이고, '내가 살아갈 삶의 기준'인 거예요. 이 소리를 따라 살게 될 때 나와 직업이 하나가 되는 그 지점이 천직이라는 거지요. 여러분이 어렸을 때 겪었던 삶에도 천직의 사인(sign)이 들어 있어요. 그래서 어린 시절 내가 어떠했는지를 생각해보면 앞으로 갖게 될 천직을 알아차릴 수 있지요. 내가 언제 기뻐했고 행복해했으며, 언제 슬퍼했고 언제 견디기 어려울 정도로 힘이 들었는지를 생각해보세요.

단순히 여러분의 적성에 맞는 직업만을 생각한다면 천직을 알아낼 수 없어요. 천직은 반드시 하나만도 아니랍니다. 매 순간 열심히 하다 보면 천직도 진화하게 되죠. 인생을 학교라고 보면 깨달음을 많이 주는 직업이 천직이 아닐까요?

여러분이 천직을 알 수 없는 것은 정확히 말해 알 수 없는 것이 아니라 받아들일 준비가 덜 되었기 때문에 천직을 아직은 알아낼 수 없다고 말하는 것이 더 정확할 거예요. 천직을 가진 사람이 더없이 행복해 보이는 까닭은 마음 깊은 곳에서 들리는 소리와 직업이 일치하기 때문이랍니다.

여러분도 가슴에 귀를 기울여보세요. 무슨 소리가 들리나요? 그 소리가 바로 여러분이 나아갈 진로랍니다.

나는 무엇을 해야 하는가? 어떤 사람이 되어야 하는가?
네 인생의 목소리를 들어보아라.

최고의 진리와 가치가 너의 삶을 이끌도록 하라.

내가 살아가면서 이루고 싶은 일이 무엇인지를 말하기에 앞서,
내가 어떤 존재인지를 말해주는 내 인생의 목소리에 귀 기울여
야만 한다.

– 파커 J. 파머, 『삶이 내게 말을 걸어올 때』

좋아하는 것을 직업으로 택해야 하나요?
아니면, 잘하는 것을 직업으로 택해야 하나요?

가장 좋은 것은 자신이 좋아하면서도 잘하는 것을 직업으로 택
하는 거예요. 많은 사람들이 이 두 가지 사이에서 고민을 하는
데 어느 하나를 택해야 한다기보다는 좋아하는 것을 하면 잘하
게 되고, 잘하는 것을 선택하여 하다 보면 좋아지거든요. 직업
은 어느 한순간 선택하는 것이지만 그것보다 더 중요한 것은 애
정을 가지고 만들어가는 것이어서, 어떤 직업으로 출발하느냐
하는 것보다는 그 직업을 어떻게 만들어갈 것인가가 더 중요하
기 때문이에요.

더욱이 앞으로는 개인이 하나의 직업만 가지고는 살아갈 수

없는 세상이 되기 때문에, 나에게 가장 적합한 직업을 고르겠다는 생각보다는 선택한 직업에 노력을 기울이고 그 직업을 토대로 직업의 영역을 확장해 나가려는 자세가 더 필요하다고 할 수 있어요. 여러분이 활동할 미래에는 평생 적어도 20개 정도의 직업을 가질 거라고 해요.

이 20여 개의 직업이 완전히 다른 영역의 직업이 아니기 때문에 매 직업마다 배운다는 생각으로 열심히 하다 보면 가장 여러분에게 맞는 직업을 인생의 어느 순간 발견할 수 있을 거예요. 그리고 그 순간을 위해 최선을 다해 준비하는 거예요. 인생의 어느 날 비상하는 나를 꿈꾸며 말이에요. 큰 날개를 퍼덕이며 뒤이어 오는 사람들에게 눈부신 빛을 선사하는 여러분이 되길 바라요.

큰 날개로 차고 오르기 위해서 작은 날개를 쉼 없이 만드는 지루하고 견디기 힘든 날들이 연속될 수 있어요. 그것이 여러분이 지루하다 느끼는 공부예요. 공부를 하는 것은 남들보다 성적을 올리기 위해서도, 남들보다 좋은 대학을 가기 위해서도 아니에요. 인생의 어느 날 멋지게 비상하기 위해 더 이상 추락하지 않는 든든한 날개를 만들어가는 것이랍니다. 여러분의 비상을 위한 꿈이 무엇이든 믿음을 갖고 시간을 투자해보세요. 시간의 힘이 여러분을 또 다른 세상으로 안내할 거예요. 시간의 힘을 믿으세요!

직업을 통해 우리는 무엇을 얻나요?

프리드만과 해비거스트(Friedmann & Havighurst)는 우리의 삶에서 직업이 갖는 기능을 다섯 가지로 정리하였답니다.

첫째로 일은 우리에게 경제적인 도움을 주고, 둘째로 직업은 우리의 생활에 질서와 일과를 제공해준다고 했어요. 여러분도 학교에 가지 않는 날에는 생활이 풀어지죠? 학교와 마찬가지로 직업도 우리의 생활에 반듯하게 질서를 잡아주는 기능을 가지고 있어요.

셋째로 직업은 개인을 표현해주는 도구라는 거예요. 어떤 옷을 입고 어떤 책을 읽느냐에 따라 그 사람을 알 수 있듯이, 어떤 직업을 가졌느냐가 그 사람을 말해준다는 것이죠. 우리는 이것을 '직업 정체성'이라 표현하기도 해요. 부모님 세대에는 직업이 돈을 벌기 위한 수단이었으나, 요즘 학생들은 직업을 통해 자아실현 즉 성취감과 만족감을 원하기 때문에 자신을 표현해주는 직업을 선택하는 경향이 많아요. 여러분은 어떤 직업으로 여러분을 표현하고 싶나요?

넷째로 직업은 그 사람 주변에 어떤 사람이 모이는가를 결정해주지요. 이를 '인적 자본(human capital)'이라 하는데, 직업에 따라 만나는 사람들이 달라지고 여러분의 행동도 달라지기 때문이에요. 여러분은 직업을 통해 어떤 사람들과 만나고 싶은가요? 만나고 싶은 사람들의 직업을 생각해보면 여러분의 직업도 예상해볼 수 있답니다.

수학을 잘하는데 문과로 가고 싶어요
언어를 잘하는데 이과로 가고 싶어요

고등학교에 가게 되면 이런 고민을 하는 학생들이 참으로 많답니다. 대부분의 학생들이 수학을 잘하면 이과에 가야 한다고 생각하고 언어를 잘하면 문과에 가야 한다고 생각하죠. 잘하기도 하면서 좋아한다면 이런 선택은 옳습니다.

그러나 수학을 잘하는데 정작 하고 싶은 학문이 문과 계통이라면 어떤 선택을 해야 할까요? 언어를 잘하는데 하고 싶은 전공이 이과 계열이라면 여러분은 어떤 선택을 하시겠어요?

수학을 잘하고 문과 계통을 전공하고 싶은 학생이 이과를 선택하는 것은, 성적을 잘 받아 좋은 대학을 가려는 게 목적이라고 생각합니다. 여러분, 좋은 대학에 가는 것은 좋겠지만 더 중요한 것은 내가 하고 싶은 학과를 선택하는 것이에요. 그 이유는 대학 공부가 고등학교 때까지의 공부처럼 열심히만 하면 쫓

아갈 수 있는 공부가 아니기 때문이에요. 대학에 가면 공부가 깊어지기 때문에 자신이 좋아하지 않는 학문을 끝까지 해내기가 힘들거든요. 그래서 대학생 형 누나들이 대학에 들어가 전공 학과를 바꾸거나 다시 수능을 보는 거예요. 본인도 힘들고, 경제적으로도 손실을 보고, 더 중요한 것은 여러분의 귀한 시간을 허비하게 된다는 거지요.

또 다른 이유도 있어요. 여러분이 살아갈 미래 사회는 융합 [통섭, convergence: 여러 학문을 합하여 창의적인 결과를 내는 것]이 키워드이기 때문에 수학을 잘하는 학생이 문과 계열을 공부하면서 수학적 논리를 활용할 수도 있고, 언어를 잘하는 학생이 이과 계열을 공부하여 강의나 책을 펴냄으로써 많은 사람들에게 알리는 일을 할 수도 있기 때문에, 단순히 그 과목을 잘한다고 그 계열을 가기보다는 자신이 하고 싶은 학문의 계열을 선택하고 잘할 수 있는 분야와 융합하여 창의적인 성과를 내는 것이 더 낫다고 생각해요.

운동을 하고 싶어 부모님께 말씀드렸더니
중학생이라 너무 늦었다고 허락을 안 하세요

운동은 특성상 빨리 시작하는 것이 맞아요. 어떤 종목이든 종목에 맞게 몸을 변화시켜야 하거든요. 아마 부모님도 이런 부분을 염려하시는 것 같아요. 과거 소련에서는 올림픽 출전 선수들을 키우기 위해 아주 어렸을 때부터 세포 적출 검사를 통해 단거리 선수로 할지 장거리 선수로 할지 등을 결정했답니다. 예를 들어 단거리 선수는 근육이 짧고 굵어야 하고, 장거리 선수는 얇고 길어야 하거든요. 그렇게 근육세포의 특성에 따라 종목을 선정하는 방식을 택해 금메달을 많이 딴 것이랍니다.

만약 학생이 꼭 운동을 하고 싶다면 운동선수의 길만 있는 것이 아님을 알려주고 싶네요. 예를 들어 축구를 좋아한다면 축구 선수가 되는 길만 있는 것이 아니라 축구 전문 기자나 축구 관련 파워블로거가 되어 책을 출판해서 전문가가 되는 길도 있고, 축구 관련 스포츠 마케터가 될 수도 있고, 축구 관련 의류나 축구화를 디자인하는 사람이 될 수도 있고, 축구 선수를 위한 전문 의사가 될 수도 있어요. 축구를 활용해 일할 수 있는 직업이 많답니다. 그러니 운동에 대해 지속적으로 관심을 가지며 다른 분야와 융합하는 것을 고민해보면 좋을 것 같네요.

대학은 꼭 가야 하나요?

'결정적 시기(critical period)'라는 것이 있어요. 무언가를 배우기에 가장 효율적인 시기라는 뜻이에요. 부모님이 "공부는 때가 있다"라고 말씀하시는 걸 들었을 거예요. 부모님 말씀은 공부의 결정적 시기가 학생 시기라는 의미예요. 학생 시기는 부모님이 물심양면으로 공부하는 데 도움을 주시는 시기예요. 그러니 공부할 수 있는 조건이 좋다는 말이지요.

선생님은 대학원을 두 번 다녔는데, 한 번은 결혼을 하고 아이들을 기르면서 다녔기 때문에 도저히 공부할 시간이 나지를 않았어요. 그래서 대학원을 수료만 하고 졸업은 못했죠. 두 번째 대학원은 아이를 다 기르고 늦게 시작했지만 돈을 벌기 위해 시간을 다 투자할 수가 없었어요. 그러나 이때는 열정이 있었기 때문에 졸업을 할 수 있었죠. 제 경험을 통해 학생 시기가 공부를 하는 데 적기라는 부모님의 생각에 동의할 수 있었어요.

물론 학생 시기에만 공부해야 한다는 것은 아니에요. 환경이 허락되지 않아 할 수 없는 경우도 있고, 어떤 사람은 철이 들지 않아 공부할 시기를 놓치기도 해요. 하지만 한 가지 분명한 것은 있어요. 학생 시기에 부모님의 도움을 받으며 공부할 때가 가장 쉽다는 거예요. 여러분은 부모님의 보살핌 아래 열심히 공부에 땀을 흘리면 돼요. 그러나 그 시기를 놓치고 나중에 하려면 그때는 '피땀'을 흘려야 된다는 것을 알아야 해요. 그럴 각오가 되어 있다면 언제 공부해도 상관없어요.

인생에는 '땀 총량의 법칙'이라는 것이 있어요. 모든 사람이 인생을 살며 흘려야 되는 땀의 양은 같다는 의미죠. 부모님이 말씀하시는 공부할 때 하라는 의미는 여러분이 인생에서 피땀을 흘리지 않게 하려는 마음인 것을 알아주었으면 해요.

선생님이 가장 좋아하는 말이 있는데 "땀 흘리지 않고 얻은 것은 언젠가는 갚아야 할 빚으로 남는다"는 거예요. 여러분이 학생 시기에 공부를 안 하겠다는 것이 스스로의 결정이라면 그렇게 하면 돼요. 단 피땀을 흘릴 비장한 각오와 자신의 인생에 책임을 지겠다는 용기가 있다면 그것도 인생 수업의 아주 훌륭한 교과라고 생각되거든요. 이 모든 것이 삶을 살아가는 여러분 자신의 선택이고 책임질 부분이라고 하면 할 수 없지만, 선생님은 안타까운 마음이 들긴 해요. 여러분의 미래는 바로 지금 여러분의 현명한 선택에 달려 있거든요.

대학을 선택해야 할까요, 학과를 선택해야 할까요?

앞에서도 말했듯이 대학보다는 학과를 먼저 선택하고 더 좋은 대학을 가기 위해 노력하는 것이 바른 선택이라고 생각해요. 부모님 세대에는 대학에 가는 사람이 적었기 때문에 대학을 나오기만 해도, 특히 좋은 대학을 나오면 나머지 삶을 보장받을 수 있었어요. 그러나 이제는 어느 대학을 나왔느냐보다는 자신이 나온 학과의 전공 부문에 특화된 자신만의 콘텐츠(contents)를 가지고 창의적인 결과물을 낼 수 있는 진짜 실력이 있느냐가 더 중요해졌답니다. 이런 실력을 가지고 있으면서 좋은 대학을 나왔다면 금상첨화겠죠.

자신에게 맞는 학과를 선택하는 방법을 알려드릴게요. 대부분의 학생들이 범하는 오류는 전공을 피상적으로 생각하고 선택한 후에 후회를 한다는 것이에요. 이런 잘못을 하지 않기 위해서는 우선 학과를 선택하고 가고 싶은 대학 홈페이지에 들어가서 그 학과의 교육과정을 살펴보세요. 배우게 될 교육과정이 마음에 들고 빨리 배우고 싶은 생각이 든다면 그 학과가 여러분에게 맞는 학과일 거예요. 그러나 만약 배우는 데 힘들 것 같다는 생각이 들고 흥미가 생기지 않는다면 다른 학과를 검색해보세요. 학과에서 제시하는 교육과정은 내가 무엇을 할 것인가를 선택하는 데 도움을 주는 아주 훌륭한 도구랍니다.

집안 형편이 어려워 제 꿈이 이루어지지 않을까 걱정이 돼요

연꽃을 보세요. 꽃이 필 수 있는 환경인가요? 우리가 연꽃을 보며 감동하는 것은 꽃이 필 수 없는 환경에서 피어오르기 때문이죠. 어쩌면 여러분은 연꽃처럼 감동을 주기 위해 태어난 소중한 사람일 가능성이 높아요. 그것이 여러분이 태어난 이유일 수 있어요. 감동은 사람의 마음을 움직이게 해요. 이것을 우리는 영향력이라고도 하며, 이런 영향력을 끼치는 사람을 리더라고 하죠.

어쩌면 여러분은 리더가 될 수 있는 조건을 하나 더 갖고 태어난 것일 수도 있어요. 그리고 세상에는 이런 사람을 도와줄 좋은 분들이 참으로 많아요. 그러니 여러분이 처한 환경을 부정적으로 보지 말고 긍정적인 태도를 갖고, 미리 좌절하지 말고 열심히 노력하여 이 세상에 감동을 선사하세요. 여러분보다 뒤에 오는 환경이 어려운 어린 친구들에게 많은 힘이 될 테니까요.

부모님과 친해지세요

진로가 무척 고민이 되죠? 진로에 가장 영향을 주는 사람이 부모님이라는 연구 결과가 있답니다. 이 세상에서 여러분을 가장 사랑하는 사람은 부모님이라는 것을 아셔야 해요. 여러분의 유전인자는 부모님에게서 받은 것이므로 여러분이 어떤 사람이 될 것인가가 궁금하면 부모님을 관찰하면 답이 나올 거예요. 여러분의 꿈은 가족이 이루어가야 하는 '가족 모두의 드림 프로젝트'이기 때문에 부모님과 대화를 자주 하면서 도움을 청하세요.

부모님은 무엇을 좋아하고 잘하셨는지, 배우고 싶었던 학문은 무엇이었는지, 지금 직업에 만족하시는지. 만족하신다면 여러분도 그와 유사한 직업군에 갈 확률이 높답니다. 그러나 만족하시지 않는다면 다음에 태어날 때 어떤 직업을 택하고 싶으신지 등을 물어보세요. 부모님의 적성과 흥미를 여러분이 나누어 가지고 있을 가능성이 높아요. 부모님과 진로에 관한 대화를 자주 하세요. 부모님도 기쁜 마음으로 여러분의 성장을 지켜보며 도와주실 거예요.

나를 어떻게
알 수 있죠?

여러분은 자신에 대해 얼마나 알고 있나요?
자기 이해는 여러분이 알고 있는 자신을 퍼즐 맞추기처럼 완성해가는 과정이랍니다.

자기 이해는 빠를수록 좋아요

모차르트나 피카소, 김연아 등 각자의 분야에서 뛰어난 업적을 세워 소위 천재로 불리는 사람들은, 그 부모가 자녀의 특성을 5세 무렵에 파악하고 일찌감치 적성에 맞는 교육을 시켜왔답니다. 예체능 분야뿐 아니라 과학 분야도 마찬가지라고 해요. 외국의 노벨상 수상자들을 연구한 결과, 이들도 5세 전후부터 흥미를 갖는 분야의 놀이와 독서를 하면서 차츰 전문성을 길렀다고 해요. 우리나라가 아직 노벨상이 없는 이유 중 하나가 전문 분야를 늦게 발견해서 전문성을 확보할 수 있는 시간이 다른 나라 과학자보다 늦기 때문이라는 생각이 드는군요.

전문성을 기르기 위해서는 분야에 상관없이 10년이란 시간이 필요하답니다. 이를 '만 시간의 법칙'이라고도 하죠. 하루에 세 시간씩 10년간 한 분야에 노력을 기울이면 전문성을 가질 수 있다는 의미예요. 최근 지식 창조 사회가 되면서 한 분야의 전문성보다는 두 분야 이상의 전문성을 융합한 창의적인 전문가를 원하는데, 창의적인 전문가가 되기 위해서는 20년이 걸린다고 해요.

여러분의 나이는 몇 살인가요? 여러분이 원하는 분야의 전문가가 되는 나이는 몇 살일까요? 더 멋진 창의적인 전문가가 되는 나이는 몇 살일까요?

여러분이 직업인으로 왕성하게 사회생활을 하는 나이가 30대 전후라고 생각하면, 20년 전인 10세 전후에는 적어도 자기 이해를 통해 자신이 걸어갈 분야를 선택해야겠죠. 더욱이 고등학교에 들어가면 창의 인성 체험 활동을 해야 하는데, 중학생 때까지는 어느 정도 자신의 분야를 선택해야 고등학교에 가서 그 분야에 맞는 체험 활동을 할 수 있고, 그렇게 준비된 결과물로 대학에 들어갈 수 있답니다. 바로 이것이 '입학사정관제'라는 거예요.

자신의 진로를 선택하고, 선택된 진로를 개발해 나가는 데 이처럼 오랜 시간이 걸리기 때문에 진로 선택의 출발점인 '자기 이해'가 빠르면 빠를수록 좋답니다.

자기 이해는 어떻게 해야 하나요?

자기 이해를 하는 방법에는 '관찰법과 검사법'이 있답니다. 관찰법에는 자기관찰법과 타인 관찰법이 있는데, 자기관찰법은 스스로, 타인 관찰법은 부모님이나 친구, 선생님 등 나를 관찰해온 주변 사람들이 해주는 거예요. 그러니 부모님이나 친구, 선생님들에게 나는 어떠한 특성을 가졌는지 관찰한 바를 알려달라고 물어보는 것이 중요해요. 평상시 대화가 많아야겠죠?

자기관찰을 할 수 있는 방법으로 어렸을 때를 기억해보세요. 어떤 놀이를 즐겼나요? 말이 많았나요? 그림을 잘 그렸나요? 아니면, 노래를 잘 불렀나요? 사람은 누구나 타고난 업이 있고, 어렸을 때 이를 가장 잘 기억한다고 해요. 그래서 어렸을 때 했던 놀이가 무엇이었는지 기억해볼 필요가 있답니다.

10대의 꿈은 인생에서 매우 중요해요. 커가면서 ㄱ 꿈을 잊고 산다 하더라도 10대에 가졌던 꿈은 내 몸 어딘가에 간직되어 있답니다. 여러분은 지금 어떤 꿈을 꾸고 있나요? 꿈이 변하기도 하죠? 그러나 진로 일기장을 마련하여 생각나는 대로 적어보세요. 적어놓은 꿈들에서 공통점이 발견되나요? 그 공통점에서 여러분이 갈 영역이나 학문 분야가 떠오르나요? 이것을 '진로 키워드'라고 해요. 정확한 직업을 댈 수는 없지만 진로를 선택하고 개발해 나가는 데 매우 중요한 단서가 되거든요.

또 하나의 방법은 시간과 돈이 생겼을 때 그 사람이 무엇을 하는가를 보면 파악할 수 있어요. 여러분도 시간과 돈이 생겼을 때 무엇을 하고, 무엇을 사는지 스스로 관찰해보면 자신이 어디에 관심을 갖고 있는지를 알 수 있어요. 그 관심이 여러분의 진로와 연결될 수 있답니다.

소지품이나 독서 이력도 훌륭한 단서가 되지요. 자신이 가장 아끼는 물건의 목록을 적어보세요. 가장 감명 깊었고 흥미를 불러일으켰던 책의 제목, 특히 도서 분류 번호를 적어보세요. 어느 분야의 책을 주로 읽는지 파악할 수 있고, 그 분야가 학과 설정이나 직업 선택에도 유용하게 활용되거든요.

다음 질문들에 답하면서 곰곰이 생각해보세요.

1. 여러분이 살면서 정말로 원하는 것은 무엇인가요? 그것을 얻기 위해 하고 싶고 할 수 있는 일은 어떤 것인가요?

2. 내가 영향을 미치고 싶은 사람들은 어떤 사람인가요?

3. 내가 가장 편하게 있는 장소는 어디인가요?

4. 나는 무엇을 하고 있을 때 가장 나다운가요?

5. 나는 어떤 사람들과 있을 때 가장 행복한가요?

6. 내가 좋아하는, 아니면 자주 쓰는 단어는 무엇인가요?

7. 10년 뒤에 나는 어떤 장소에 있을 것 같은가요?

8. 10년 뒤의 나의 모습을 그려보아요.

9. 인생을 살면서 포기해도 후회하지 않을 것들은 무엇인가요?

10. 내가 존경하는 위인은 누구인가요? 무엇 때문에 존경하나요?

11. 롤 모델로 따르고 싶은 사람은 누구인가요? 그 이유는 무엇인가요?

12. 딱 내 스타일이야 하는 것은 무엇인가요?

13. 모든 것을 포기하고 하나만 선택하라고 한다면 무엇을 선택할까
    요? 그 이유는 무엇인가요?

14. 내가 아는 나를 써보아요. 성격, 잘하는 것, 못하는 것, 장점, 단점,
    좋아하는 것, 싫어하는 것, 좋아하거나 싫어하는 직업, 좋아하는 과
    목과 싫어하는 과목 등을 써보고 이유를 적어보아요.

15. 친구나 선생님, 부모님께 나를 관찰한 내용을 말해달라고 부탁해
    보아요.

16. 부모님께 되고 싶었던 직업에 대해 물어보아요. 배우고 싶었던 학
    문에 대해서도 물어보아요.

17. 보람을 느꼈던 것은 무엇이었나요?

18. 나는 어떤 사람으로 기억되고 싶나요?

19. 나는 어떻게 살고 싶은가요?

20. 나는 어떤 모습으로 죽고 싶은가요?

이 그림은 바로 여러분의 모습입니다.
빙산의 감춰진 부분처럼 여러분의 잠재능력도 무궁무진하답니다.

적성을 알기 위한 검사는 어디에서 하나요?

2013년부터 모든 학교에서 매년 2회 진로 적성을 알 수 있는 검사를 의무적으로 실시하게 되었어요. 진로가 매우 중요하기 때문에 정부에서 이런 조치를 내린 거예요. 진로 적성 검사는 검사 결과만 보는 것이 아니라 그 결과를 해석해서 여러분의 진로와 연결시키는 것이 중요하답니다. 2012년부터 각 학교에 진로 상담 선생님이 계셔서 여러분의 진로 고민을 상담해주고 있으니 어려워하지 말고 선생님을 찾아가 궁금한 것이 있으면 수시로 질문하는 것이 좋아요.

학교에서 나누어주는 결과지는 버리지 말고 모아두었다가 상급 학교 진학할 때나 대학의 학과를 정할 때 상담 자료로 활용해야 해요. 학교에서 하는 검사는 여러분의 진로 정보를 보여주기 때문에 소중하게 간직해야 한답니다. 물론 부모님께 보여드리고 함께 대화를 하는 것도 잊어서는 안 돼요.

진로 적성 검사에는 여러 종류가 있으며 한 학년에 두 가지 검사를 하므로 적성 검사 결과를 아는 데 오랜 시간이 걸리겠죠? 만약 빨리 적성을 알고 진로 선택을 하고 싶은 학생은 국가에서 운영하는 사이트인 커리어넷을 방문하여 온라인 검사를 하는 방법도 있어요. 전화 상담을 통해 여러분의 검사 결과를 자세히 알려주실 거예요.

　개인 연구소에서도 적성 검사와 그 해석을 해주고 있어요. 이런 기관들을 통해 검사를 활용한 자기 이해를 할 수 있지만, 가장 중요한 것은 스스로 관찰하는 관찰법이라는 것을 잊어서는 안 된답니다. 그러니 지속적으로 자신을 돌아보는 시간을 갖는 것이 필요하겠죠? 반드시 기록으로 남기고요.

하고 싶은 것이 너무 많고 자주 바뀌어 걱정이에요

하고 싶은 것이 많다는 것은 삶에 대한 열정이 많다는 의미예요. 그러나 선택의 고민은 그만큼 커지겠죠. 만약 하고 싶은 것들이 일관성이 있고 자신의 특성에 잘 맞는 것이라면 공통점을 찾아 가장 기본적으로 갖추어야 할 역량부터 차근차근 준비해 나가면 된답니다. 그러나 하고 싶은 것들 사이에 일관성이 없다면 아직 자기 이해가 덜 되었다는 증거이므로 자신를 이해하는 데 먼저 노력을 기울여야 합니다.

직업을 선택하는데 성격이 중요한가요?

자신의 성격을 파악하는 것도 자기 이해의 한 부분이에요. 외향적인 사람은 활동적인 직업이, 내성적인 사람은 소극적이거나 수동적인 직업이 어울리죠. 그러나 반드시 일치하지는 않아요. 여러분, 세일즈라는 직업이 적극적이고 외향적인 사람에게 어울리는 직업으로 보이나요? 물론 적극적이고 활동적인 사람이 잘할 수 있겠죠. 그러나 현실에서는 소극적이고 내향적인 사람도 세일즈를 잘하는 경우가 있어요. 자신의 성격을 활발하게 바꾸어 세일즈를 잘하시는 분도 있지만, 자신의 소극적이고 내향적인 성격을 그대로 유지하면서도 잘하시는 분들이 있거든요.

그 이유는 세일즈를 하는 사람의 성격도 중요하지만 서비스를 받는 사람의 성격도 영향을 주기 때문이에요. 서비스를 받는 사람의 성격이 소극적이거나 내향적이라면, 너무 적극적인 세일즈에 반감을 갖고 피하는 경우가 있기 때문이에요. 한편 내향적이고 소극적인 사람이 진정성을 가지고 조용하게 설득하고 고객도 이런 성격을 좋아하는 사람이라면, 적극적인 사람보다 오히려 나은 세일즈 결과를 낼 수 있겠지요? 이 세상에는 성격이 다른 사람이 반씩 존재하기 때문이지요.

따라서 성격은 극복할 부분일 수도 있고, 고객의 요구에 맞아야 하는 것이므로 직업 선택에 있어서 가치관이나 능력, 흥미보다는 영향력이 덜하다고 할 수 있을 거예요. 성격 문제는, 자신이 하는 일에 얼마나 열정을 가지고 있는가에 따라 영향이 적어질 수 있는 거예요.

자기 이해 외에 진로 선택에 필요한 것으로는 무엇이 있나요?

진로를 선택하는 데는 자기 이해, 직업 정보, 의사결정 능력이 필요해요. 자기 이해를 한 후 미래 사회를 공부하는 것도 필요해요. 현재 있는 직업의 80퍼센트가 여러분이 활동할 시기에는 사라진다고 해요. 그러니 지금 있는 직업을 살펴보는 것도 중요하지만, 미래 사회가 어떻게 펼쳐질 것인가, 미래 사회를 살아가려면 어떤 능력을 가져야 하는가를 아는 것이 더 중요하다고 하겠죠. 자신이 갖고 싶은 직업이 미래 사회에 존재할 것인가를 알기 위해서는 미래학 책이나 신문을 본다든지, 관련 포럼이나 학회를 찾아다니며 스스로 예측해보고 조언을 구한 뒤 그 직업에 필요한 능력들을 차근차근 준비하면 돼요.

앞에서도 말한 것처럼 진로는 선택의 연속이므로 선택을 잘하기 위해서는 합리적인 의사결정 능력도 있어야 해요. 이를 키우기 위해서는 부모님이나 친구들과 대화하는 방법을 익히고, 무엇보다 여러분이 공부하고 있는 수학이나 독서를 통해 논리적 사고를 키우는 것을 잊지 마세요.

다중 지능이
뭐예요?

우리는 모두 8개의 다중지능을 가지고 있습니다.
여러분은 어떤 색으로 여러분의 진로를 수놓을 건가요?

다중 지능을 왜 알아야 하죠?

자기 이해 중 잠재 능력(적성)을 알 수 있는 방법으로 다중 지능을 추천하고 싶어요. 다중 지능은 1983년 하버드 대학의 심리학과 교수인 하워드 가드너 박사가 만든 지능 이론이에요. 가드너 박사는 공부도 잘하고 피아노 치는 것도 매우 좋아했는데, 사람들이 공부를 잘하는 것에는 "IQ가 좋다"고 하고 피아노를 잘 치는 것에는 머리가 좋다고 하는 대신에 "재능이 있네"라고 표현해서 이상하게 생각되었대요. 가드너 박사는 피아노 치는 것도 지능이라고 생각하셨다는군요. 그래서 이 부분을 공부하면서, 전통적인 지능 이론인 IQ는 사람의 지능을 단편적으로 파악하여 인간의 지능 전반을 설명할 수 없다고 생각하고, 인간의 지능을 8개 부문으로 나누어 설명했어요. 이것이 8가지 다중 지능인 거예요.

다중 지능의 가장 큰 특징은 IQ에서 지능으로 보지 않고 단지 재능으로 생각했던 예체능 부문과 사람과의 관계 능력이나 자신을 성찰하는 능력을 지능으로 승격시켰다는 점이죠. IQ가 공부와 관련되는 지능 이론이라면, 다중 지능은 인간의 다양한 지능을 설명할 수 있는 지능 이론이라고 할 수 있죠. 예를 들어 노래를 잘하고 악기를 잘 다루는 친구는 음악 지능이 좋다고 말할 수 있으며, 축구를 잘하는 친구는 신체 운동 지능이 뛰어나다고 할 수 있는 근거가 생긴 거예요. 참으로 인간적인 지능 이론이죠.

이처럼 개인의 특성을 존중하는 다중 지능은 21세기와 매우 어울리는 지능 이론이에요. 왜냐하면 21세기는 개성화 사회, 다원화 사회로 변화되었기 때문이지요. 개성화 사회는 모든 사람의 개성이 존중되는 사회이고, 각자 개성에 따라 직업을 택해 열심히만 노력한다면 성공할 수 있는 사회가 다원화 사회거든요. 이제는 공부 잘하는 학생뿐 아니라 다방면에서 창의적인 인재를 필요로 하기 때문에 다중 지능은 21세기를 대표할 만한 지능 이론이라 할 수 있죠.

이처럼 사회가 변하면 인재상이 변하고, 인재상이 변하면 인재를 판별할 지능관이 변한답니다. 다방면의 다양한 인재를 알아낼 수 있는 도구가 다중 지능이니 우리도 알고 가야겠죠?

다중 지능에는 어떤 지능이 있나요?

언어 지능(Linguistic Intelligence)

언어 지능은 언어의 상징체계(음운, 어문, 의미)를 이해하고 활용하는 능력을 말해요. 언어 지능은 언어 영역의 구분에 따라 듣기, 말하기, 읽기, 쓰기 등으로 생각하는 것이 직업과 관련하여 매칭하기가 쉬워요. 최근에 가드너 박사도 언어 지능을 크게 말하기 능력과 쓰기 능력으로 나누고 있어요.

듣기와 말하기 능력은 대인 지능을 발휘할 수 있는 능력이며, 읽는 능력이 향상된다는 것은 독해를 말하는데 독해 능력이 뛰어나면 공부하는 데 도움이 된답니다. 그래서 독서가 중요한 거예요. 쓰기 능력은 전문가가 되었을 때 전문성을 알릴 수 있는 능력이죠. 지식사회를 살아가는 데 반드시 필요한 능력이랍니다. 언어 지능이 높으면 외국어도 잘할 수 있어요.

★ **언어 지능의 하위 영역**

듣기　　기존의 지식과 통합해 가며 논리적으로 들을 수 있는 능력

말하기　문법과 어휘 인식력

읽기	글의 맥락과 논리적 흐름을 파악하는 능력
쓰기	글로써 논리적 맥락을 부여하는 능력

★ 언어 지능을 높이기 위한 활용법

이야기 꾸며 말하기(storytelling), 브레인스토밍(brainstorming), 테이프 리코딩(tape recording), 시·일기 쓰기, 글짓기, 문집·신문 만들기, 동화 구연, 소리 내어 읽기, 독서, 감정이나 생각을 나누며 대화하기, 토론하기, 동화 이야기 해주기, 유머나 수수께끼 말하기, 외국어 배우기, 낱말 퍼즐 만들어보기, 신문 기사 써보기, 보고서 쓰기, 자서전 쓰기

★ 언어 지능이 활용되는 직업

사서, 문서 관리인, 편집자, 언어치료사, 번역가, 교정 업무, 법률가, 웅변가, 작가, 시인, 문학가, 언론인, 강연자, 기자, 상담가, 교사, 기업인, 변호사, 영업 사원, 정치가, 설교자, 성우, 문학평론가, 교수

★ 언어 지능을 관찰할 수 있는 단서들

상대방의 말을 잘 듣고 이해한다.

말을 조리 있게 한다.

책 읽기를 좋아한다.

이야기 만들기를 좋아한다.

글쓰기를 좋아한다.

단어를 많이 알고 있다.

외국어를 쉽게 배운다.

동화 구연을 잘한다.

토론이나 대화를 좋아하고 잘한다.

끝말잇기 놀이를 좋아한다.

논리수학 지능(Logical-Mathematical Intelligence)

논리수학 지능은 논리수학적 상징체계(숫자, 기호, 규칙, 명제)를 잘 다루는 능력이랍니다. 문제를 논리적으로 분석하고, 수학과 과학 과목을 잘할 수 있어요. 논리수학 지능은 논리 지능과 수학 지능으로 나눌 수 있답니다.

논리 지능은 여러 시나리오를 앞에 두고 지금 이떤 일이 일어났으며 앞으로 어떤 일이 일어날 것인지 각각의 경우를 따져 최선의 결정을 해야 하는 경영자들에게 필수적으로 요구되는 능력이에요. 수리 지능은 논리 지능과 연관되지만 주로 계산하는 능력을 말한답니다.

논리수학 지능은 IQ 검사에서 주로 다루던 지능으로 서구에서는 언어 지능과 함께 인간 지능의 핵심으로 보았답니다. 언어 지능과 논리수학 지능이 높은 사람은 학교 성적이 높을 가능성이 많답니다. 그러나 논리수학 지능은 여러 지능 중 하나일 뿐 다른 지능보다 더 훌륭한 능력이라고 말할 수는 없답니다.

논리수학 지능은 17세가 되기 전에는 이 지능에 능력이 있는지 확인할 수 없다고 해요. 미국의 심리학자 블룸(Benjamin Samuel Bloom)의 'young talents' 연구에 따르면 수학 천재 20명의 부모와 교사에게 물어보았는데 대부분이 중학교 때까지 수학을 잘하는지 몰랐고 고등학교에 가서야 알게 되었다는군요.

수학의 천재성은 20대에, 물리학의 천재성은 30대에 절정에 달하고 40세 이후에는 점차 퇴보하므로, 논리수학 지능이 높은 학생은 30대 이전에 업적을 만들어야 해요. 대부분의 사람들은 언어나 논리수학 지능 한 부분에 강점을 보이지만, 케인스(John Maynard Keynes)나 오펜하이머(Robert Oppenheimer)처럼 두 영역에 모두 뛰어난 사람들도 있답니다. 수학적 재능이 있는 사람이 종종 음악에도 관심을 보이는데, 이는 수학자들의 수의 패턴에 대한 관심과 음악가들의 음의 패턴에 대한 관심이 유사하기 때문이에요.

★ **논리수학 지능의 하위 영역**

수 계산	수의 개념을 인식하고 부호화하는 능력(계산 능력)
논리적 사고	인과관계의 의미 인식력(분류화, 범주화, 유추 능력)

가설 검증	진술문 또는 명제 인식력, 가설을 논리적으로 푸는 능력

★ 논리수학 지능을 높이기 위한 활용법

분류하기, 소크라테스 문답법 활용하기, 문제의 해법 추정하기, 체계적으로 생각하기, 실험해보기, 수학 문제 풀기, 생각을 종합하기, 과학 공부하기, 비슷한 점·차이점 분석해보기, 계산하기, 구체적 사실로부터 일반적 원칙 발견하기, 퀴즈와 수수께끼 풀어보기, 서랍 정리하기

★ 논리수학 지능이 활용되는 직업

수학자, 논리학자, 과학자, 회계사, 감리사, 구매 대리인, 보험업자, 통계학자, 컴퓨터 분석가, 경제학자, 프로그래머, 재정 분석가, 공학자, 기술자, 금융인, 전문 기획가, 프로젝트 매니저, 펀드 매니저, 교수, 연구자

★ 논리수학 지능을 관찰할 수 있는 단서들

숫자나 기호에 민감하게 반응한다.

규칙이 있는 놀이를 좋아한다.

계산을 잘한다.

추리소설이나 탐정소설을 좋아한다.

논리적으로 예측한다.

기획력이 있다.

사건이나 사물 간의 연관성 밝혀내기를 좋아한다.

어려운 문제를 풀기 좋아한다.

서랍 정리를 잘한다.

질문을 잘한다.

논리적으로 생각한다.

과학 실험을 좋아한다.

사물이나 추상적인 생각들을 분류하며 범주화를 잘한다.

구체적인 사실들에서 원칙을 발견한다.

수수께끼를 좋아한다.

과학 서적을 좋아한다.

음악 지능(Musical Intelligence)

음악 지능은 음악의 상징체계(리듬, 음정, 음색)를 이해하고 창조할 수 있는 능력으로 선율과 화성의 이해, 리듬감, 음색과 조성(調性)의 변화를 인식할 줄 아는 능력, 음악 작품의 구조를 이해하는 능력을 말해요. 음악 지능은 여러 재능 가운데 가장 어린 시절에 발현되며 개인차가 크다고 하네요.

음악 지능은 연주를 하거나 음악적 양식을 이해하고 작곡하는 기술들을 수반하며, 음악적 능력은 어떤 부분에서 공간적 능력과 매우 가깝게 연결되어 있어요. 심리학자 헤리스(Lautrem Harris)는 작곡가가 작곡의 복합적 구성을 만들고 이해하고 고치는 작업들은 대부분 공간적 능력에 의존한다고 해요. 가드너는 작곡가가 최고 수준의 음악 지능을 가지고 있다고 보았어요. 여자 작곡자가 적은 것은 음악적 과정이 어려워서라기보다는 공간적 작업 능력이 부족하기 때문이라고 해요. 작곡을 하고 싶은 여학생이 있다면 공간 지능을 높여야 한답니다.

음악 작품을 이해하거나 연주를 하는 데 수학적 사고 능력이 필요한 이유는 음악 규칙이나 비율에 대한 이해가 필요하기 때문이죠. 이처럼 음악 지능은 논리수학 지능과도 관련이 있습니다.

음악 지능이 높다고 다 음악가가 되어야 하는 것은 아니에요. 사실 음악 지능은 전문 연주가가 되는 것 외에도 광고, 영화, 회의, 영상 매체, 운동경기, 종교의식 등 안 쓰이는 곳이 없을 정도로 많이 사용되기 때문이랍니다. 음악 지능은 그림(미로, 칸딘스키, 마티스의 작품들)이나 사업에서도 많이 활용된답니다.

★ 음악 지능의 하위 영역

부르기 멜로디, 박자의 인식력

연주   악기와 악보의 인식력

| 작곡 | 작곡의 원리 인식력 |
| 감상 | 곡의 장르와 내용 인식력 |

★ 음악 지능을 높이기 위한 활용법

노래하기, 리듬 치기, 소리 나는 음을 따라해 보기, 노래 만들기, 음악 감상하기, 시를 노래로 바꾸어보기, 악기 배우기, 화음으로 노래하기, 음에 맞추어 콧노래하고 손뼉치기, 합창하기, 랩 만들어보기

★ 음악 지능이 활용되는 직업

음향학자, 음악 치료사, 피아노 조율사, 작곡가, 연주가, 성악가, 지휘자, 음악 비평가, 무용수, 연예인, 음향효과 기술자, 광고 음악 작곡가

★ 음악 지능을 관찰할 수 있는 단서들

청음 능력이 있다.

박자감이 있다.

노래를 좋아하고 잘 부른다.

악기 연주를 잘한다.

악보를 볼 줄 안다.

음악 감상을 좋아한다.

작곡을 할 줄 안다.

노래 만들기를 좋아한다.

암기할 때 노래로 만들어 기억한다.

공간 지능(Spatial Intelligence)

공간 지능은 3차원, 2차원 공간에 대한 이해력이 높으며 공간
을 자유롭게 조절하고 사용하는 능력을 말해요. 공간 지능은 길
찾는 능력도 포함하고 있어요. 남학생이 공간 지능이 높은 이유
는 과거 수렵 생활에 기인하며, 여학생은 남학생보다 공간 지능
이 낮게 나오지만, 에스키모처럼 생존을 위해 공간적 상황 판단
이 중요한 환경에서는 남녀의 차이가 발견되지 않는답니다. 공
간 지능의 특징은 다른 지능과는 달리 나이가 들어도 능력이 줄
어들지 않아요. 공간 지능은 공간과 관련이 없어 보이는 영역에
서도 일의 기획이나 창조에 공간적 구성 원리를 활용할 수 있어
요. 공간 지능의 발달은 평면적인 사고에서 기하학적인 사고로,
부분 지각에서 전체적 패턴 지각으로 발달하며, 연습을 통해 생
애 전반에 걸쳐 발달하고, 어느 정도 성장한 다음에 발현되는
지능이에요.

★ 공간 지능의 하위 영역

공간 요소 관계   공간 관계(원근, 방향, 길이)를 효과적으로 표
　　　　　　　　　현하는 능력

평면 예술   평면에 공간적인 특성을 표현할 수 있는 능력

공간 및 입체 예술 입체감 있게 구성할 수 있는 능력

★ 공간 지능을 높이기 위한 활용법

그림 그리기, 그래프 또는 심상(image)으로 그려보기, 장기 놀이, 체스, 미술, 지도 찾기, 길 찾기, 다른 각도에서 대상을 시각화, 위치 찾기, 얼굴 또는 장면을 인지, 세부 식별, 청사진 판독, 잠깐 머물렀던 방에 있던 물건들의 위치 기억해내기, 어울리게 옷 입기, 포스터 만들기, 사진 찍기, 머릿속으로 모양 상상하기, 3차원 조각 맞추기, 미로 찾기, 그림으로 이야기 그려보기, 조각하기, 컴퓨터로 그리거나 색칠, 영화나 비디오 보기, 약도 그리기, 퍼즐

★ 공간 지능이 활용되는 직업

조각가, 바둑 기사, 체스 선수, 그래픽 아티스트, 건축가, 엔지니어, 측량 기사, 도시계획자, 인테리어 장식가, 발명가, 지도 제작자, 비행사, 사냥꾼, 탐험가, 지질학자, 외과 의사, 화가, 의상 디자이너, 설계사, 그래픽디자이너, 운전기사, 가상공간 시뮬레이

션 제작자

★ 공간 지능을 관찰할 수 있는 단서들

모형 만들기를 좋아한다.

레고 조립을 좋아한다.

길을 잘 찾는다.

그림을 잘 그린다.

설계도를 보고 건물을 떠올린다.

건물을 보고 설계도를 그릴 수 있다.

약도를 정확히 그린다.

자기 방을 꾸미기 좋아한다.

바둑이나 체스를 잘 둔다.

지도를 잘 본다.

방향감각이 있다.

캐릭터를 잘 그린다.

외모를 잘 꾸민다.

독후감보다는 독후화를 더 좋아한다.

미술 도록, 건축 관련 서적이나 잡지 보는 것을 좋아한다.

신체 운동 지능(Bodily-Kinesthetic Intelligence)

신체 운동 지능은 인간의 몸 전체 혹은 손 같은 신체 일부를 사용해 문제를 해결하거나 무엇을 만들어내는 능력이에요. 신체 운동 지능에는 엄청난 양의 계산, 실행, 전문성이 포함되므로 신체 활동을 낮게 평가하는 것은 옳지 못하답니다. 신체 운동 지능은 선사시대에는 사냥꾼, 어부, 채집인, 농부가 생존하기 위해 사용했던 매우 중요한 능력으로 공간 지능과도 관련이 있어요.

신체 운동 지능은 몸의 움직임을 조절하는 능력과 사물을 기술적으로 다루는 능력, 몸으로 표현하고 창조하는 능력으로 나뉜답니다. 신체로 정서를 표현하고(무용), 게임을 하고(스포츠), 새로운 결과물을 만드는 것(발명)이 신체 운동 지능에 포함된답니다.

★ 신체 운동 지능의 하위 영역

운동	운동할 때 필요한 요소(힘, 리듬, 속도)들을 활용해 균형감 있게 적용할 수 있는 능력
신체 작업	도구를 적절히 활용할 수 있는 능력
신체 예술	다양한 신체 동작을 은유적으로 표현할 수 있는 능력

★ 신체 운동 지능을 높이기 위한 활용법

신체 동작으로 표현하기, 연극·동작으로 표현하기, 조립하기, 손가락 등 신체를 활용하여 활동하기, 조깅, 동작과 움직임 따라하기, 수화 배우기, 연극, 스트레칭, 요가, 줄넘기, 걷기, 안무하기, 팬터마임, 말하지 않고 의사소통하기

★ 신체 운동 지능이 활용되는 직업

운동선수, 발명가, 기술자, 물리치료사, 레크리에이션 지도자, 배우, 모델, 농부, 기계 수리공, 목수, 도예가, 보석 세공사, 노동자, 마술사, 무용가, 기악가, 연기자, 피아니스트, 사격 선수, 기능공, 과학자, 기술 관련 일을 하는 사람, 체육인, 건축업자, 안무가, 엔지니어, 스포츠 해설가, 체육학자, 외과 의사, 공학자, 군인, 스포츠 에이전트, 경락 마사지사, 산악인, 치어리더, 경찰 경호원, 조각가, 정비 기술자, 카레이서, 파일럿, 사냥꾼, 어부, 요리사

★ 신체 운동 지능을 관찰할 수 있는 단서들

문제해결 시 몸을 사용한다.

소근육이나 대근육의 사용을 잘한다.

흉내를 잘 낸다.

작은 물건을 잘 집는다.

젓가락질을 잘한다.

무거운 물건을 잘 든다.

몸으로 정서를 표현한다.

운동을 좋아한다.

균형을 잘 잡는다.

춤을 잘 춘다.

대인 지능(Interpersonal Intelligence)

대인 지능은 인간 친화 지능이라고도 해요. 각 개인의 차이점을
알아차리고 사람들의 기분, 성향, 동기, 의도를 알아내는 능력
과 사람을 효과적으로 이끌거나 따르는 기술을 말해요. 대인 지
능이 높으면 대인 관계에서 생기는 문제들을 잘 해결하지요. 대
인 지능은 비즈니스에서 활용도가 높으며 마케팅, 세일즈, 홍보
등에도 사용되어, 대인 지능이 높으면 성공할 가능성이 많다고
하네요.

★ 대인 지능의 하위 영역

개인 관련　타인을 이해하고 다룰 수 있는 능력

집단 관련　집단의 특성을 이해하여 문제를 해결하고 이끌어 갈
　　　　　수 있는 리더십

★ 대인 지능을 높이기 위한 활용법

친구 사귀기, 공동 작업 하기, 상대방 입장 되어보기, 학급 임원으로 일하기, 의견 차이를 조정하여 합의에 이르는 연습하기, 다른 사람을 평가하지 말고 있는 그대로 대하기, 부모님과 대화하기, 다른 사람의 말을 잘 들어주기, 다른 사람 가르쳐보기, 봉사 활동, 여행

★ 대인 지능이 활용되는 직업

사회사업가, 교사, 상담가, 자원봉사자, 교사, 임상의, 세일즈, 홍보, 종교 지도자, 정치인, 마케터, 치료사, 경영인, 웨딩 플래너, 호텔 경영자, 정신과 의사, 법조인, 배우, 이벤트 사업가, 외교관, 정치가, 호텔리어, 방송 프로듀서, 간호사, 개그맨, 유치원 교사, 경찰관, 비서, 학습지 교사, 승무원, 판매원, 선교사, 컨설턴트, 펀드매니저, 관광 가이드

★ 대인 지능을 관찰할 수 있는 단서들

친구를 좋아하고 친구가 많다.

사람의 감정을 잘 파악한다.

친구들과 싸우면 원만하게 해결한다.

상대의 의도를 잘 파악한다.

표정을 읽는 능력이 있다.

어머니와 관계가 좋다.

친구들을 잘 이해한다.

공감을 잘한다.

사람을 편하게 만든다.

유머가 있다.

친구들과 함께 공부하는 것을 좋아한다.

돕는 것을 좋아한다.

협동 작업을 좋아한다.

사건보다 사람을 기억한다.

위인전을 좋아한다.

대내 지능(Intrapersonal Intelligence)

대내 지능은 '자기 성찰 지능'이라고도 하는데 자신의 장단점, 특기, 희망, 지능, 관심 등을 잘 파악하며 감정을 잘 알고 다스리는 능력을 말해요. 대내 지능이 높은 사람은 자신의 행동을 이해하고 자신의 욕망, 두려움, 재능 등을 잘 다루어 자신의 분야에서 리더가 될 수 있다고 해요. 대내 지능이 높은 사람은 자신이 원하는 자신만의 모델을 가지고 있으며, 자신의 욕구, 필요, 열망, 최상의 학습 전략을 이해하고 활용하는 등 자신을 정확하게 인식하고 이에 따라 행동하기 때문에 자신의 재능을 최상으로 사용할 수 있답니다.

★ 대내 지능의 하위 영역

감정 인식　자기감정에 대한 조절력

능력 인식　자신의 능력을 인식하고 조절하여 계발하는 능력

미래 계획　미래를 위해 감정과 행동을 조절하고 준비하는 능력

★ 대내 지능을 높이기 위한 활용법

해야 할 일 계획, 명상, 기도, 일기 쓰기, 자서전 쓰기, 자신이 쓰는 말 돌아보기, 기분이나 감정의 변화 알기, 다른 사람과의 관계 속에서 내 행동 돌아보기, 일의 우선순위 정하기, 삶의 목표 생각하기, 자신이 지켜야 할 행동의 원칙 생각해보기

★ 대내 지능이 활용되는 직업

내적 성찰력을 가진 예술가, 철학자, 의학자, 법률가, 학자, 심리학자, 정신분석학자, 성직자, 문학가, 사업가, 각 분야의 지도자

★ 대내 지능을 관찰할 수 있는 단서들

자신의 미래에 대해 관심이 많다.

장단점을 잘 안다.

감정 조절 능력이 있다.

자신이 무엇을 원하는지 안다.

매사에 전략을 가지고 행동한다.

계획을 잘 세운다.

시간 관리를 잘한다.

자신이 하는 행동의 원인을 안다.

자신의 능력을 잘 안다.

일기를 쓴다.

종교 활동을 한다.

일의 우선순위를 알고 행동한다.

반성을 잘한다.

심리학이나 철학 서적을 좋아한다.

자연 지능(Naturalist Intelligence)

자연 지능은 식물, 동물, 광물 등의 공통점을 찾거나 분석하는 능력으로 자연뿐 아니라 다양한 문화적 산물의 공통점 또는 차이점 등을 인식하는 능력을 말해요. 엔진 소리만 듣고 자동차의 종류를 구별한다거나, 머리 스타일을 구별하거나, 생물체의 유형을 인지하는 능력 등이 이에 해당되죠. 그밖에 자연을 편안하게 느끼거나 다양한 생물체들을 돌보고 기르며 자연과 민감하게 상호작용하는 능력 모두 자연 지능이 높은 사람들의 특징이랍니다.

자연 지능은 생존과 직결되는 능력으로서 감각기관과 관련이 있으며, 천적이나 해로운 것의 인식, 먹을 수 있는 것과 없는 것의 변별, 서로 다른 종들 간의 구별 능력에서부터 예술가, 시인, 사회과학자들, 자연과학자들의 패턴 구별 능력까지 포함한답니다.

★ 자연 지능의 하위 영역

동식물, 광물에 대한 인식 및 문제 해결

동식물 등이 갖고 있는 문제를 해결할 수 있는 능력

★ 자연 지능을 높이기 위한 활용법

환경 관련 단체 가입하기, 분리수거하는 이유를 생각해보기, 별과 우주 관찰하기, 자연에 관한 비디오 보기, 식물과 동물의 특징을 나열하고 그 변화 과정 서술하기, 식물 기르기, 나무 심기, 애완동물 기르기, 자연 캠프 참여하기

★ 자연 지능이 활용되는 직업

동식물 연구가, 생물학자, 환경학자, 수의사, 풍경화가, 정물화가, 과학자, 분류학자, 생태학자, 의사, 조리사, 조련사, 유전공학자, 농화학자, 조류학자, 천문학자, 고고학자, 한의사, 약사, 환경

운동가, 농장 운영자, 조련사, 요리 평론가, 식물도감 제작자, 원예가, 약초 연구원, 화원 경영자, 생명공학자, 요리사

★ 자연 지능을 관찰할 수 있는 단서들

자동차 구분을 잘한다.

사람을 특징으로 기억한다.

타이어를 보고도 자동차 이름을 말한다.

동물이나 식물 기르기를 좋아한다.

애완동물과 의사소통을 한다.

자연 속에서 노는 것을 좋아한다.

공룡의 이름이나 형태 구별을 잘한다.

식재료 구별을 잘한다.

동식물의 이름을 많이 안다.

돌의 종류와 이름을 안다.

패턴을 잘 기억한다.

요리를 좋아한다.

식물도감, 곤충도감 보기를 좋아한다.

레이저 프로파일과 서치라이트 프로파일은 뭐예요?

다중지능검사를 하면 다중 지능 프로파일이 나오는데 두 가지로 나누어볼 수 있어요. 레이저 프로파일은 8가지 다중 지능 중한두 개가 다른 것에 비해 무척 높은 프로파일이에요. 이런 프로파일을 가진 학생들은 일반 학교에서는 보기 드물고 주로 과학고등학교나 예체능계 고등학교에서 볼 수 있어요. 이런 친구들은 본인이 노력해서 자기 이해를 하기 전에 이미 주위 사람들이 학생들의 지능을 알고 어린 나이에 지능을 개발시켜주게 되죠. 어쩌면 자신의 진로를 선택하고 개발하는 데 유리한 입장이라고 할 수 있어요.

문제는 서치라이트 프로파일을 가진 학생들로 대부분의 학생들이 이 프로파일을 가지고 있어요. 서치라이트 프로파일은 8가지 다중 지능 중 3~4개의 지능이 높게 나오는 프로파일이어서 자신의 적성이 무엇인지 판단하기 힘든 학생들이에요. 학생들이 진로에 고민이 많다고 하는 것은 서치라이트 프로파일을 가진 학생들이 많기 때문이지요. 이런 학생들은 관심사가 옮겨다니고, 하고 싶은 것이 많고 자주 바뀔 수도 있죠.

꿈을 갖고 진로가 결정되면 학습 동기가 일어나기 때문에 막연히 공부를 하는 친구보다는 유리할 수 있어요. 그래서 "공부보다 진로 발견이 먼저다"라는 말은 맞지만 학생 시기에 자신의 진로를 확실히 발견하고 결정하기란 무척 힘들답니다. 특히 서치라이트형일 경우에는 더더욱 그렇죠. 여러분도 여기에 해당되나요? 걱정하지 마세요. 방법이 있답니다.

다중 지능을 진로에 활용하는 방법에는 어떤 것이 있나요?

다중 지능을 진로에 활용할 수 있는 방법은 '조합(combination)'이에요. 여러분, 콤비네이션 피자를 좋아하나요? 여러 가지 토핑이 올라간 피자 말이에요. 다중 지능의 조합이란 다중 지능의 8가지 토핑 중 몇 가지를 콤비네이션하여 다양한 진로를 설정해볼 수 있다는 의미예요.

다중 지능의 조합이란 다중 지능의 강점 지능들이 서로 상호작용하면서 시너지 효과를 낼 수 있게 하는 다중 지능의 활용방법을 말해요. 천재적인 재능을 가진 소수를 제외하고 대부분의 사람들은 서치라이트형이기 때문에 서너 개의 강점 지능을 가지고 있어요. 이것들을 어떻게 조합하느냐에 따라 개인 능력에 차이가 나기도 하고, 직업의 종류나 직업 내 역할, 경력 개발 모형이나 경력 확장 모형이 달라지죠.

　사실 조합을 활용한다는 것은 매우 어려운 작업이에요. 하지만 이를 잘 활용하면 능력 이상의 효과를 기대할 수도 있고, 자신의 강점과 약점을 고려하여 자신의 소질과 적성에 맞는 최적의 직업을 선정하는 데 도움을 받을 수도 있어요. 이제 아래에 소개하는 다양한 조합의 예를 보고 여러분의 강점 지능 조합과 유사한 경우를 찾아 참고하도록 해보세요.

★ 직업에 따른 다중 지능의 조합

변호사 = 논리수학 지능 + 언어 지능 + 대인 지능

정치가 = 언어 지능 + 대인 지능 + 대내 지능

배우 = 신체 운동 지능 + 대내 지능 + 대인 지능

피아니스트 = 음악 지능 + 신체 운동 지능 + 대내 지능 + 대인 지능

무용가 = 신체 운동 지능 + 음악 지능 + 대인 지능 + 공간 지능

축구 코치 = 신체 운동 지능 + 공간 지능 + 논리수학 지능 ㅣ 언어
　　　　　　　지능 + 대인 지능

발명가 = 논리수학 지능 + 신체 운동 지능 + 공간 지능

요리사 = 자연 지능 + 공간 지능 + 대인 지능 + 언어 지능

★ 같은 조합 다른 직업

신체 운동 지능 + 언어 지능 + 대인 지능

→ 스포츠 해설가, 스포츠 에이전시, 스포츠 기자, 무용 교사, 개그맨, 레크리에이션 강사

★ 직업 내 개인의 능력 차이를 보여주는 다중 지능의 조합

전문성을 갖기 위해서는 그 직업에서 필요로 하는 강점 지능이 필요하지만, 전문성을 갖고 난 연후에는 어떤 특성을 지니느냐가 더 큰 영향을 미치기도 해요. 예를 들어 화가가 되기 위해서는 공간 지능이 필요하지요. 그러나 화가가 된 후에는 공간 지능보다는 다른 지능이 어떻게 조합되느냐에 따라 화가의 개성이 드러난답니다.

렘브란트나 고흐와 같이 자신의 내면을 주로 표현하는 화가는 이미 화가가 된 후에는 공간 지능보다 대내 지능이 더 이들의 특성을 말해주죠. 뒤샹이나 피카소의 경우 대내 지능을 활용하여 기존의 미술 개념을 변화시키기도 하였답니다. 따라서 화가에게 공간 지능은 공통된 강점 지능이지만, 공간 지능을 제외한 나머지 강점 지능들이 어떻게 조합되느냐에 따라 그림의 종류가 달라지고 개인의 능력 차이가 나타나며 화가의 위상이 달라지게 된답니다.

★ 직업 내 역할 차이를 보여주는 다중 지능의 조합

어쩌면 직업보다는 직업 내에서 역할이 무엇이냐가 오히려 다

중 지능과 더 긴밀하다고 할 수 있답니다.

외과 의사 = 논리수학 지능 + 신체 운동 지능

소아과 의사 = 논리수학 지능 + 대인 지능

정신과 의사 = 논리수학 지능 + 대내 지능

→ 여기에 언어 지능과 대인 지능까지 합쳐진다면 환자들에게 인
  기 있는 자상한 의사가 될 수 있어요.

기획, 재무 분야의 회사원 = 논리수학 지능

영업 분야의 회사원 = 대인 지능

→ 같은 회사의 직원이라 할지라도 그들이 맡은 업무에 따라 강점
  지능이 다양하게 활용될 수 있어요.

★ 경력 개발 모형의 종류를 보여주는 다중 지능 조합들

A → B → C 순차적 경력 개발 모형

강호동 = 신체 운동 지능 + 언어 지능 + 대인 지능

여러분은 무릎팍 도사 강호동을 좋아하나요? 강호동의 다중
지능 프로파일은 신체 운동 지능, 언어 지능, 대인 지능이에요.
그는 자신의 강점 지능인 신체 운동 지능을 통해 씨름계의 천하
장사가 되었고, 제2 지능인 언어 지능을 통해 MC로서 제2의 인

생을 화려하게 펼치고 있죠. 강호동의 경우는 자신의 강점 지능을 차례차례 직업으로 연결하여 경력 개발에 성공한 사례예요.

ABC 통합적 경력 개발 모형

강호동과 같은 프로파일을 갖고 축구 해설가나 레크리에이션 강사를 할 수도 있어요. 이는 자신의 강점 지능을 조합하여 활용한 경우죠. 이처럼 같은 프로파일을 가지고도 자신의 경력을 구성하는 방식은 사람마다 모두 다르답니다.

경력 확장 모형을 보여주는 다중 지능의 조합

축구 선수는 신체 운동 지능 + 공간 지능 + 논리수학 지능의 조합이 필요해요. 이영표 선수는 여기에 언어 지능이란 강점 지능이 있어 축구 인생이 끝나더라도 해설가로 클 가능성이 많아요. 이천수 선수는 대인 지능이 높아 연예인으로 나올 가능성이 있고요. 반면 박지성 선수는 대내 지능이 높아 감독이 될 가능성이 커 보이죠. 강점 지능을 어떻게 조합하느냐에 따라 이후의 직업이 달라지지요.

조합 방식은 지능 간뿐만 아니라 지능과 성격, 지능과 욕구와도 조합될 수 있다

언어 지능 + 내향성 = 문예 창작, 상담가, 낱말 맞추기로 여가를 보냄

언어 지능 + 외향성 = 토크쇼 진행, 정치가, 교사, 연예인

언어 지능 + 생존의 욕구 = 교사

언어 지능 + 사랑과 소속의 욕구 = 상담가

언어 지능 + 힘의 욕구 = 정치가

언어 지능 + 자유의 욕구 = 여행 가이드, 해설사

언어 지능 + 즐거움의 욕구 = 개그맨

이제는 학교 성적이 아닌 '능력의 조합 시대(capacity conjoint)'가 된다고 해요. 학문, 학과, 교과과정, 기술, 직업 세계는 모두 컨버전스 중이고, 컨버전스 직업이 생겨나면서 다중 지능 프로파일의 조합과 연결성을 찾으려는 시도가 전 세계 연구자들 사이에서 활발히 나타나고 있어요. 여러분도 자신의 다중 지능 프로파일을 조합하면서 진로를 상상해보세요. 참으로 신나는 진로 탐색 여행이 되겠죠?

조합을 활용하여 진로를 개발하는 방법

여러분의 진로는 입문기와 숙성기, 개화기, 그리고 영역 확장기 등으로 구분할 수 있답니다.

직업별 핵심 지능이 있어요!

미국 다중 지능 학회 회장 브랜튼 쉬어러(Branton Shearer) 박사는 18개 종류의 직업인들을 대상으로 다중 지능을 측정하는 MIDAS(Multiple Intelligence Developmental Assessment Scales) 검사를 실시하고 각 직업의 핵심 지능을 뽑아냈답니다.

댄스 강사	신체 운동 지능
아티스트	공간 지능
작가	언어 지능
음악가	음악 지능
엔지니어	논리수학 지능
심리학자	대인 지능
파일럿	대내 지능

그러나 이 가운데 어떤 직업도 하나의 강점 지능만 필요로 하지 않으며, 몇 가지 지능들이 복합적으로 작용하게 된답니다. 카운슬러는 대인 지능과 대내 지능, 정치가는 대인 지능과 언어 지능처럼 여러 개의 지능이 모여야 하나의 직업을 수행할 수 있는 거예요.

★ 입문기 – 핵심 지능

입문기는 진로를 정하여 하나의 직업 분야에 들어가기 위한 준비기라고 볼 수 있어요. 이 시기에는 각 직업에 필요한 핵심 지능을 갖추는 것이 필수이고 이 핵심 지능을 최고로 개발해야 해요.

의사가 되려는 친구는 논리수학 지능이 핵심 지능이므로 이 것이 자신의 제1 강점일 때 가장 유리해요. 의대나 의학전문대학원에 들어가기 전에 논리수학 지능을 최고로 개발해야 이 분야에 입문할 수 있는 거예요. 그렇기 때문에 입문기에는 자신이 갖고자 하는 직업에서 가장 필요로 하는 지능이 자신에게 강점 지능으로 있어야 하며, 그 지능을 '핵심 지능'이라 한답니다.

★ 숙성기 – 문제해결 지능

일단 의대에 들어가 의사가 되기까지의 숙성기에는 논리수학 지능보다는 각 개인이 가진 다른 강점 지능에 의해 분야가 나뉘게 되는데 이러한 지능을 '문제해결 지능'이라고 해요. 신체 지능과 공간 지능이 뛰어나면 정형외과나 성형외과를, 대내 지능이 뛰어나면 정신과를, 대인 지능이 우수하면 소아과 의사를 선택할 수 있죠. 이 시기는 의사가 된 후 문제해결을 어떻게 할 것인가의 문제로 문제해결 지능이 핵심 지능이 되는 시기라할 수 있어요. 그러니 자신이 되고자 하는 목표에 필요한 지능을 노력을 통해 개발하는 자세가 필요하겠죠?

★ 개화기 – 보조 지능

의사로 활동하는 개화기는 개인의 제1, 제2 강점 지능이 아니었던 제3의 지능 즉 '보조 지능'이 사용되고 개발되어야 할 시기랍니다. 어쩌면 개인에게 약점이었던 지능을 새롭게 개발해야 하는 시기일 수도 있어요. 이 시기는 본인이 의사라고 의식하기보다는 사회에서 생활인으로 살아가야 하는 시기로, 의사가 된 후에는 대인 지능, 언어 지능, 대내 지능 등이 강점 지능이 되어야만 병원 운영을 잘하는 개업의가 될 수 있답니다. 이 시기의 중요한 과업은 다음 시기의 영역 확장을 준비하는 입문기를 거치는 것이랍니다.

★ 영역 확장기 – 보조 지능

마지막으로 의사에서 영역을 확장하는 시기로, 핵심 지능과 문제해결 지능이 아닌 다른 보조 지능을 다시 핵심 지능으로 하여 입문기에 들어가 앞의 과정을 다시 밟게 되는 단계를 말해요.

의사에 따라서는 대내 지능을 발휘하여 동양철학과 의학을 컨버전스하여 대체 의학의 새 분야를 개척한다든지, 음악 지능과 조합하여 음악 치료 의술을 행한다든지 하는 식으로 자신의 전문 영역을 확장하여 그 누구도 할 수 없는 자신만의 창조적인

분야를 만드는 시기이고, 창의적인 전문가가 되는 시기라고 할
수 있죠.

> 기본 개념 = 입문기(핵심 지능) + 숙성기(문제해결 지능)
>
> + 개화기(보조 지능) + 영역 확장기(보조 지능)

조합 활용 순서

다중 지능의 조합을 자신의 진로에 활용하기 위해서 다음과 같
은 순서로 진행해보세요.

★ 강점 지능 점수를 남과 비교하지 마세요

예를 들어 공간 지능이 강점 지능인 A 학생과 B 학생이 있다
고 해요. A가 B보다 공간 지능이 높아 미대에 가서 화가가 되
고 B는 대인 지능과 언어 지능을 소합하여 인테리어 회사를 냈
는데, A는 순수 미술을 하여 아직 이름이 안 알려졌고 B는 대인
지능과 언어 지능을 살려 회사가 성장하고 있다고 해보아요. 이
것은 물론 설정이지만, 다중 지능의 활용에 있어 남과 비교하여
점수가 높은 것은 별 의미가 없다는 것이에요. 오히려 나의 강
점 지능을 어떻게 조합하여 나의 강점 능력으로 개발하고 학과
와 직업을 선택하여 성과를 내느냐가 관건인 것이죠.

★ 자신의 강점 지능을 3~4개로 선택해보세요

자신의 다중 지능 가운데 강점 지능이라 할 수 있는 것들의 범위를 좁혀 나가세요.

일부 연구 결과에 따르면 어떤 역할의 경우 특정 지능이 과도하게 높으면 오히려 역효과가 나타나기도 한다고 해요. 예를 들어 대인 지능 또는 대내 지능이 지나치면 경영과 리더십을 발휘하는 데 안 좋은 영향을 주기도 하죠. 대인 지능이 높아 사람 관계에만 열중한다든지, 대내 지능이 높아 너무 신중한 태도를 지녀 과감한 사업 시도를 하지 못한다든지 하는 것 말이에요. 조합은 지능 자체의 높고 낮음만 중요한 것이 아니라 다양한 지능들이 특정 상황에서 어떻게 영향을 주고받는지가 중요하답니다.

★ 어떤 지능을 먼저 자신의 진로로 선택할 것인지를 결정하는 게 중요해요

그것이 제1 강점 지능일 수도 있고 제2, 제3의 강점 지능일 수도 있다는 거예요. 제1 강점 지능이 중요하기는 하지만 제2, 제3의 지능을 선택해도 되는 이유는, 자신의 인성적 특성이나 성적, 이과·문과의 선택, 가정환경(경제적·인적·문화적 환경), 사회 환경, 타이밍 등이 고려되어야 하기 때문이에요.

예를 들어 논리수학 지능 + 대내 지능 + 대인 지능 + 언어 지능이 강점 지능인 학생이 있다고 할 때 이 학생이 문과라면 대내 지능, 대인 지능, 언어 지능을 활용할 수 있는 심리학과를 선택하여 상담자가 될 수도 있어요. 제1 강점인 논리수학 지능을 활용한다면 논리적이고 체계적인 상담을 할 수 있겠죠. 아니면 심리학과를 졸업한 후 의학전문대학원에 진학하여 정신과 의사나 임상 전문의가 될 수도 있어요. 다중 지능의 조합을 활용하면 다양한 진로를 선택할 수도 있고 자신의 독보적인 분야를 개발할 수도 있답니다.

★ 진로를 선택했다면 그 분야의 전문가가 되기 위해 10년을 투자하세요

이 시기에는 그 진로를 선택했던 핵심 지능 외에 문제해결 지능을 개발하여 핵심 지능으로 만들어야 한답니다. 이 작업이 완성되면 전문가의 위치를 확보할 수 있게 되는데, 과거에는 대부분의 전문가가 여기서 직업을 마치거나 생을 마쳤어요. 그러나 지금은 100세가 일반화되는 고령사회이므로 14개 이상의 직업을 거쳐야 한답니다. 그렇다면 지금의 직업에서 영역을 확장하여 경력 개발을 해야 하고, 이를 위해 다음 단계로 나아가야 하겠죠?

★ 영역 확장을 위해 새로운 분야를 연마할 또 다른 핵심 지능을 개발하세요

자신의 전문 분야가 확고해졌다면 이제는 새로운 영역 확장을 위한 투자를 시작할 때입니다. 이때의 핵심 지능은 강점 지능 중 3, 4번째 지능(보조 지능)인 경우가 대부분이에요. 이 단계까지 성공적으로 행했다면 창의적인 전문가가 되어 독보적인 존재 Only One이 될 수 있답니다.

제1 강점 지능이 중요해요

제1 강점 지능은 같은 시간, 같은 노력으로 가장 잘할 수 있는 지능을 말해요. 제1 강점 지능을 발휘할 수 있는 공부나 직업을 가지면 신나고 행복하게 공부하고 일할 수 있어요. 제1 강점 지능은 부모님이나 주위에서 발견해주는 경우도 있지만, 여러분 스스로 발견하여 일찍 개발할 수 있다면 효과는 더욱 커지겠죠?

검사 결과 점수가 가장 높은 것이 제1 강점 지능인데 이 점수를 옆의 친구와 비교하는 것은 의미가 없어요. 다중 지능은 교육을 통해 개발이 가능하고, 조합(combination)을 통해 더 멋진 진로가 펼쳐질 수도 있기 때문이에요. 제1 강점 지능을 발휘하지 못하는 삶을 살다 보면 학생들 스스로 진로를 바꾸어 제1 강점 지능을 찾아가기도 하고, 아니면 자신의 일에 만족하지 못해 방황하는 시간이 길어져요.

2007년 동아일보 신춘문예 희곡 부문에 당선됐던 홍지현이란 학생은 스스로 자신의 제1강점 지능을 찾은 예라고 할 수 있어요. 지현이의 다중 지능 프로파일은 언어 지능, 논리수학 지능, 자연 탐구 지능이에요. 어렸을 때 수학 영재였고 약대 4년 장학생이었으나, 연극에 빠져 희곡을 읽으며 희곡 작품을 써서 신춘문예에 최연소로 당선되었어요. 지현이는 모든 지능에 탁월한 능력을 발휘하였으나, 결국 자신의 제1 강점 지능인 언어 지능으로 돌아와 행복해질 수 있었다고 해요. 여러분도 자신의 제1 강점 지능이 궁금하죠? 부록으로 실린 다중지능검사를 해 보세요. 여러분의 제1 강점 지능을 알 수 있답니다.

다중지능검사의 장점은 이래요

다중지능검사를 만들 때 기본 전제는, 모든 사람은 다 다르다는 것과 교육을 통해 아직 발현되지 않은 여러분의 잠재 능력인 8가지 다중 지능이 개발될 수 있다는 거예요. 관찰과 검사를 통해 자기 이해를 하게 함으로써 학과나 직업, 여가 활동 등을 선택하는 데 확신을 주며, 선택한 진로를 체계적으로 준비할 수 있게 해준다는 장점이 있답니다.

미국에서의 연구 결과 다중 지능을 활용하면 학교 성적이 올라가고, 친구들의 강점 지능을 알고 이해의 폭이 넓어지므로 왕따와 같은 문제가 없어진다고 하네요. 공부에 흥미가 없는 친구들도 자신의 강점 지능을 알아 각자의 분야에서 진로를 개발할 수 있기 때문에 청소년 비행이나 일탈의 문제도 줄어든다고 해요. 부모님도 여러분의 강점 지능을 이해하게 되어 여러분에게 맞는 교육을 제공함으로써 여러분을 도와 미래를 함께 준비할 수 있답니다.

무엇보다 자신의 강점 지능을 알고 노력하다 보면 성취감을 맛보기 때문에 자존감이 향상된다는 것이 다중지능검사의 가장 큰 장점이라고 할 수 있어요. 여러분도 자신의 강점 지능을 알고 그 지능을 열심히 키워 나가다 보면 학교 성적 향상과 진로 개발을 모두 효과적으로 할 수 있을 거예요.

다중 지능에 대해 더 알고 싶다면 mbest.co.kr의 학부모 공감 〈명사 특강〉 중 다중 지능 강의를 참고하세요.

다중지능검사 외에 나를 알 수 있는 방법이 있나요?

흥미검사는 여러분이 어느 분야에 관심이 있는지를 보여주는 검사에요. 검사 결과는 현실형, 탐구형, 예술형, 사회형, 관습형, 진취형 등 6유형으로 나온답니다. 각 연구소마다 흥미를 알 수 있는 검사의 명칭이 다르므로 흥미검사를 하고 싶다고 말하면 됩니다.

성격검사는 개인의 성향이나 성격을 측정하여 진로 선택에 도움을 주는 검사입니다. 검사에 따라 나누는 유형이 다른데 설명을 들으면 이해가 되실 거예요.

적성검사는 여러분이 가진 잠재 능력이 무엇인가를 알 수 있는 검사랍니다. 여러분이 어떤 분야에서 성공할 가능성이 있는지 알 수 있어요. 다중지능검사도 적성검사의 한 종류랍니다.

직업 가치관 검사는 개인이 중요시하는 직업 가치관을 알아보고 가치관을 실현할 수 있는 직업에 대해 알려주는 검사예요.

진로 성숙도 검사는 현재 여러분이 또래와 비교하여 진로 태도나 진로 정보 등 다양한 영역에서 어느 정도의 성숙도를 갖고 있는가를 측정해보는 검사입니다. 검사 결과를 활용하여 여러분이 보충할 영역이 나오게 되므로 진로 성숙도를 높일 수 있는 기초 자료로 사용할 수 있답니다.

욕구검사는 5개의 욕구 중 어느 것이 가장 강한 욕구인지를 알 수 있는 검사로 직업을 선택하는 데 유용하게 활용됩니다.

학습 효율성 검사는 여러분이 공부를 할 때 어떤 문제 때문에 성적이 오르지 않는가를 알 수 있는 검사입니다. 진로검사는

이제 천 개의 고원 시대입니다. 직업에는 귀천이 없으니 여러분이 선택한 각자의 고원에서
정상에 오르도록 노력해보세요. 아름다운 풍광이 펼쳐질 거예요.

아니지만 학업도 진로이기 때문에 여러분의 현재 공부 상태를 점검하고 꿈에 한층 다가갈 수 있도록 도와주는 검사라고 할 수 있답니다.

모든 검사는 결과보다는 결과를 진로에 어떻게 연결시키는가가 중요하므로 반드시 전문가와의 상담을 통해 조언을 들어야 한답니다. 특히 오래되고 유명한 검사일수록 만들어진 시기의 직업군으로 결과가 나오기 때문에 결과지를 볼 때 그 직업을 유추하여 여러분에게 맞는 직업으로 생각해보는 지혜가 필요하답니다.

우연을 읽으면 진로가 보여요

'천생만민 필수지업(天生萬民 必授之業)'이라는 밀이 있어요. 하늘은 사람을 나게 할 때 각자에게 반드시 업을 준다는 뜻이에요. 런던대학의 세계적인 양자물리학자 데이비드 봄과 스탠포드대학의 신경생리학자 칼 프리브램은 '홀로그램 우주론'을 주장하며 '펼쳐지는 세계'와 '접히는 세계'라는 개념을 제시했어요. 이 개념을 진로와 연결해보면, 접힌 부채에 우리가 걸어가야 할 인생의 그림(접힌 세계)이 담겨 있는데 시간이 흐르면서 부챗살이 조금씩 펼쳐져 부채 안에 그려진 그림(펼쳐지는 세계)을 인식하게 되는 거예요. 나이가 들수록 그림의 전체적인 윤곽을 더 잘 파악할 수 있겠죠?

여러분이 자신이 걸어갈 진로에 대해 알 수 없는 이유도 여러분 부채의 부챗살이 거의 펼쳐지지 않았기 때문이랍니다. 아마 여러분의 나이의 각도만큼 펼쳐져 있을 거예요. 만약 여러분의 부챗살이 반 정도 펼쳐졌다면 나머지 그림은 여러분이 쉽게 상상할 수 있겠죠? 따라서 여러분이 자신의 진로에 대해 궁금하고 알 수 없는 것은 당연한 거예요. 하지만 여러분이 자신의 삶에 주의를 기울이고, 일어나는 사건이나 우연한 만남 속에서 진로의 실마리를 찾으려는 노력을 한다면 여러분이 나아갈 진로의 방향을 추측해볼 수 있을 거예요. 인생은 우연을 통해 여러분에게 스스로를 펼쳐 보이니까요.

선생님은 접힌 부채 속의 그림이 점차 드러나면서 그동안 선생님의 삶에서 일어났던 수많은 사건들과 우연인 듯 맺었던 수많은 만남들이 선생님의 인생에 꼭 필요했다는 것을 알게 되었어요. 우연처럼 다가온 것들이 사실은 우연을 가장한 필연들이었음을 깨달은 것이죠.

선생님이 좋아하는 데이비드 호킨스는 그의 저서 『의식 혁명』에서 이런 말을 했어요. "인생을 통해 벌어지는 사건들은 결코 우연이 아니다. 인생사는 한 치의 오차도 허용하지 않는다.

치밀하게 계산되어 움직이므로 필요 없는 사건은 하나도 없다. 경제성의 법칙이 적용된다. 이 우주는 허술한 시스템이 아니다." 이 말은 노자가 『도덕경』에서 "하늘의 그물은 성기지만 그 무엇도 빠뜨리는 법이 없다"고 말한 것과 같은 이치예요.

진로도 마찬가지랍니다. 진로란 어쩌면 이루는 것이 아니라 체험하는 것인지도 몰라요. 우리가 철저히 계획된 삶을 살고 있다고 생각할 때조차 우리는 예상치 못한 운명으로 인도되는 경우가 있죠? 이는 우연히 일어나는 우연의 일치들은 우리가 꿈꾸는 계획보다 훨씬 더 큰 계획을 가지고 있음을 말해요.

우연의 일치가 일어나는 순간을 알아차릴 수만 있다면, 우리는 이것들을 진로를 알려주는 메시지로 이용할 수 있어요. 그러므로 우리는 우연의 일치가 일어날 때 그것을 자각할 수 있는 능력을 키우는 것이 중요하답니다. 이를 위해 우연의 일치에 집중하고, '이 일에 담긴 의미가 뭐지?'라고 물으면 의외로 해답은 쉽게 찾을 수 있어요. 우연의 일치는 다가오는 자의 불빛과 같아서, 삶에서 일어나는 중요한 일에 주의를 집중하라고 요구하거든요. 우연의 일치가 의미하는 바를 읽는 것은 신이 준 업에 대해 읽는 것이죠. 그러니 우연은 신의 뜻을 알아내 보라는 힌트로 생각하면 돼요. 여러분의 진로를 위해 노력하다 '우연'이 다가올 때 거부하지 말고 그 뜻을 깊이 헤아려보길 바라요.

★ 자신의 업인지 알 수 있는 단서들

가슴에서 뭔가 말하는 것을 들을 때

꿈이 생겨 가슴이 뛸 때

무언가 선택하고 결정할 수 있는 용기가 날 때

목숨을 걸 만한 열정이 생길 때

나이와 상관없다고 느낄 때

실천할 수 있을 때

후회하지 않을 거란 느낌이 들 때

지금이 아니면 안 된다는 생각이 들 때

기쁨을 느낄 때

물고기가 물 만난 듯한 느낌이 들 때

지금의 고통을 충분히 감당할 수 있을 때

그 일이 다른 사람보다 쉽게 다가올 때

결과물이나 성과가 남들보다 더 나올 때

우연을 필연으로 느낄 때

희망이 생길 때

긍정적인 마음이 부정적인 마음보다 더 클 때

회복탄력성이 발휘될 때

진짜 살아 있다는 느낌이 있을 때

그 일이 좋아 미칠 것 같을 때

왠지 나의 일이라는 믿음이 들 때

간절할 때

준비가 되어 있을 때

불행을 기회로 느낄 때

절망에서 희망을 발견할 때

계속 진행할 수 있을 거라는 느낌이 들 때

설렘이 있을 때

목표 외에는 아무것도 보이지 않을 때

사람의 생각이 아닌 자연에서 답을 구할 때

최선을 다하고 열심히 노력할 때

삶을 바꿀 우연한 만남이란 생각이 들 때

처음부터 다시 시작할 자세나 용기가 있을 때

완벽함을 추구할 수 있을 때

작은 일이라도 큰일처럼 할 수 있을 때

남들과 다르게 생각할 수 있을 때

삼고초려 할 정도로 도움을 구할 용기가 생길 때

멘토를 가지고 있을 때

좋아하는 것을 끊거나 유혹적 요소들을 끊을 수 있을 때

하루도 건너지 않고 할 때

돈, 명예보다 더 중요하다고 느낄 때

여러분의 환경을 분석해보세요

신체장애를 갖고 있는 동생을 위해 줄기세포를 연구하는 의사가 되고자 하는 학생이 있었어요. 또 어떤 학생은 할머니를 너무 사랑해서 아픈 할머니를 위해 한의사가 되고자 했죠. 이 학생들에게 가족이라는 환경은 진로를 알려주는 강력한 메시지가 되는 거예요. 만약 위의 학생이 '왜 나만 신체장애를 가진 동생이 있는 거지? 다른 친구들의 동생은 다 건강한데 말이야' 하고 불평불만을 가진다면 자신이 걸어가야 할 진로에서 길을 잃어버리는 것과 같아요. 그러나 위의 두 친구들은 아픈 가족이 있는 가정에서 자신이 걸어갈 진로를 발견한 것이죠. 이것은 지금 자신이 처한 상황에서 의미를 찾아내고 못 찾아내는 것의 차이예요.

스튜어트는 이런 말을 했죠. "자기가 지금 처한 상황이 바로 최고의 자본이다." 여러분은 지금 어떤 상황에 놓여 있나요? 어떤 환경 속에 있나요? 자신이 처한 상황이나 환경을 부정하기보다는 거기에서 인생의 숨은 의미를 찾아내 보세요. 삶이 여러분에게 답할 거예요.

진로 일기를 쓰세요

진로 일기에는 어떤 직업을 갖고 싶은지, 이를 실현하기 위해 지금 나는 무엇을 준비해야 하는지, 이를 위해 필요한 것들은 무엇인지, 이를 위해 필요한 인성은 어떤 것들이고 충분히 갖고 있는지, 그렇지 않다면 어떻게 준비해야 하는지 등을 기록하세요.

진로 일기에는 성적이나 수상 실적을 기록해두는 것이 좋아요. 성적은 학과목 적성을 나타내주기 때문에 앞으로 어떤 학문을 하고 학과를 가야 하는지, 또 그것을 토대로 갖게 될 직업을 예측할 수 있거든요. 수상 실적은 그 분야에 특별한 능력이 있음을 말해주는 것이고요.

친구는 몇 명이나 있고 그중에서 친한 친구는 몇 명인지, 좁게 사귀는지 넓게 사귀는지, 친구들의 관심과 취향은 무엇인지도 적어두는 것이 좋아요. 청소년 시기는 친구의 성향을 많이 받는 때이기 때문에 본인에게 일시적으로 나타나는 관심이 자신의 것인지 친구의 영향인지 파악할 수 있기 때문이에요.

영화를 보고 느낀 점이나 친구와 대화한 내용, 내가 감독이라면 이렇게 했을 텐데 하는 내용도 적어놓으면 좋아요. 분류번호를 적어놓은 독서 이력과 더불어 독후감이나 독후화 같은 것을 그려 넣는 것도 중요하죠.

진로 일기에는 소소한 일상을 자세하게 기록하는 것이 좋답니다. 후에 진로 선택 시 상담 자료로 훌륭히 활용될 뿐 아니라, 여러분이 시간이 지나서 볼 때 왜 내가 이런 진로를 걸어왔는지 이해할 수 있는 자료이자 여러분 인생의 역사가 될 테니까요.

stepping stone
IV

나를 알았어요
그다음에는
어떡하죠?

겉으로 드러난 능력은 '빙산의 일각'에 불과하답니다.
여러분의 인생을 통해 자신의 숨은 보석 같은 능력까지 아름답게 드러내보세요.

여러분이 갖추어야 할 능력들에 대한 이해가 필요해요

여러분! 진로를 선택하고 개발하기 위해서는 3단계를 거쳐야 해요. 첫 단계는 자기 이해예요. 자기 이해를 하여 자신이 가고 싶은 학과나 직업 또는 진로 키워드를 알아냈다면, 여러분이 가져야 할 능력에 대한 이해가 필요하됩니다. 갖추어야 할 능력을 알았다면 다음에는 그 능력들을 차근차근 준비해 나가는 과정이 필요하겠죠. 이 과정은 콘텐츠를 준비하는 것이고, 자기만의 콘텐츠가 쌓이게 되면 사회로 나가 그 콘텐츠가 정말 자신과 맞는지를 시험하는 과정이 필요합니다. 이것이 고등학교에 가서 하게 되는 창의 인성 체험이 되겠죠. 창의 인성 체험을 통해 자신과 맞지 않다면 다른 진로를 찾아야 하며, 자신이 원하는 것과 맞는다면 더 전문적인 체험을 통해 자신만의 콘텐츠를 더 확실하게 만들어야 합니다.

자, 이제 여러분이 준비해야 하는 능력 세 가지가 무엇인지 알아볼까요. 첫째는 기초 소양, 둘째는 기초 역량, 셋째는 핵심 역량이랍니다.

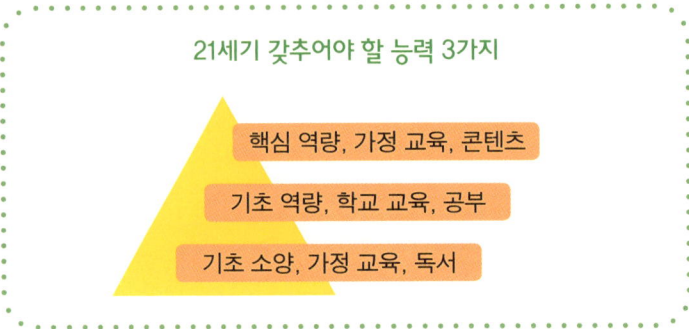

우선 기초 소양부터 알아볼까요? 기초 소양은 어떤 직업을 갖더라도 인간이라면 누구나 지녀야 할 것들을 말해요. 한마디로 '인성'이라 할 수 있죠. 기초 소양은 자신이 갖고 태어난 인성을 '다듬어가는 과정'을 의미해요. 예를 들면 도덕, 가치관 등을 바르게 다듬어가는 거예요. 이러한 것들은 주로 가정에서 어른들의 가르침으로 길러진답니다. 특히 독서는 기초 소양을 기르는 데 중요한 역할을 하지요. 독서를 도덕 교과라고 부르는 이유랍니다.

기초 역량은 학교에서 하는 공부로 길러지는 역량을 의미해요. 역량이란 노력을 통해 얻어지기 때문에 단어에 힘을 뜻하는 '역(力)'이 들어간답니다. 예를 들면, 문제해결 능력, 의사소통 능력, 평생 학습력, 독서력, 인내력, 집중력, 만족 지연 능력, 동기화 능력, 계획력, 실천력 등 많은 것들이 있어요. 이런 능력들은 학교 공부에 최선을 다할 때 얻어지는 것이랍니다. 지금 하고 있는 학교 공부를 통해 여러분은 기초 역량을 가질 수 있고, 기초 역량은 핵심 역량을 가질 수 있는 힘으로 작용한답니다. 부모님이 학교 공부를 열심히 하라고 말씀하시는 건 이러한 이유 때문이란 걸 아셔야 해요.

핵심 역량은 여러분이 직업을 갖게 만들고, 직업 생활을 잘할 수 있도록 도와주는 역량이랍니다. 이 역량은 학교에서 한 공부가 기초 역량이 되어 확장된 역량이라 할 수 있어요. 예를 들어 학교 공부를 통해 공부 방법을 터득한 학생은 핵심 역량을 어떻게 가질 수 있는가 하는 방법을 알게 되는 것이죠. 핵심 역량은 주로 대학이나 대학원에 가서 배울 수 있어요. 그러나 선생님은 여러분이 좀 더 일찍 핵심 역량을 키웠으면 해요. 왜 핵심 역량을 빨리 키우는 것이 중요한지 알기 위해선 미래 사회가 어떻게 전개될 것인지를 알아야 해요. 자, 그러면 여러분이 살 미래 사회에 대해 알아볼까요?

미래 직업 세계의 변화는 어떨까요?

여러분의 할아버지 세대는 하나의 직업만 갖고도 살 수 있었어요. 사람들이 말하는 좋은 직업도 대학만 나오면 가질 수 있는 시대였죠. 그 이유는, 대학을 나온 사람들의 수가 적었기 때문에 대학을 나오기만 해도 인재가 될 수 있었기 때문이에요. 그러나 지금은 거의 모든 학생이 대학을 가기 때문에, 대학을 나온 것만으로는 좋은 직업이 보장되지도, 인재가 될 수도 없는 사회라는 거예요.

여러분의 할아버지 세대는 한 직장에서 평생을 근무하여 정년을 맞이하고 퇴직금을 받아 돌아가실 때까지 생활할 수 있었어요. 그러나 여러분 부모님 세대는 정년 시기가 빨라지고 있어요. '사오정', '오륙도'라는 말을 들어본 적이 있나요? '사오정'은 45세 정년이란 뜻이고 '오륙도'는 56세까지 직장에 있으면 도둑이란 뜻이에요. 여러분 부모님이 45세에 정년을 맞이하게 된다는 의미이고, 56세 이전에는 누구라도 회사를 나와야 된다는 의미죠. 지금 아버지 나이를 생각해보세요. 아버지가 45세에서 56세 사이일 때 여러분의 나이는 몇 살이 되나요? 아마도 아버지가 회사를 나오시는 시기가 여러분이 대학에 들어갈 시기일 거예요. 대학은 등록금이 비싸다는 것을 여러분도 알고 있죠? 이제는 여러분도 가정 경제에 대해 생각할 때가 되었다고 봐요.

앞으로는 대학을 나오든 나오지 않든 개인이 가진 핵심 역량을 묻는 시대가 될 거예요. 핵심 역량은 '개인이 가진 남들과 차별화되는 진짜 실력'을 의미하는 거예요. 그렇기 때문에 자신이 기를 핵심 역량의 분야가 무엇인지 아는 것이 중요하고, 이것을 도와주는 것이 진로교육인 거예요. 이제는 어른들도 여러분이 어느 대학을 나왔는가가 중요한 것이 아니라 어떤 핵심 역량을 가지고 독보적인 성과로 사회에 기여할 수 있느냐가 더 중요하다는 것을 알게 된 거예요. 그래서 2013년부터 진로 탐색을 할 수 있는 '자유학기제'를 실시하게 된 거랍니다.

미래 사회가 원하는 인재상은 이래요!

이처럼 사회가 변하면 그 사회가 원하는 인재상이 변해요. 여러분이 살아가게 될 지식 창조 사회는 창의적인 인재를 원한답니다. 창의적인 인재는 하나의 학문만을 하는 전문가와는 달리 적어도 두 가지 이상의 학문을 공부하고 그 두 학문이 부딪치는 지점에서 나오는 창의적인 사고로 독창적인 결과물을 낼 수 있는 사람이랍니다.

이런 인재를 기르기 위해서는 창의적 인재로 만드는 교육이 필요해요. 과거의 교육으로는 시대가 원하는 인재를 키울 수 없기 때문에 새로운 교육과정이 만들어지는 거랍니다. 여러분이 하게 될 진로 탐색 학기 제도도 이러한 시대적 요구에서 만들어진 새로운 교육제도인 거예요.

우리나라만 창의적 인재를 요구하는 것이 아니랍니다. 지금 전 세계가 창의적인 인재를 간절히 원하고 있어요. 그 이유는 지구가 생존의 위기에 처했기 때문이에요. 기후, 식량, 환경오염 등 전 세계인이 풀어야 할 과제가 많아진 거죠. 이러한 문제는 어느 한 나라만 해결한다고 되는 것이 아니라 우리 모두가 해결해야 할 문제이기 때문에 세계 교육의 방향도 바뀌고 있어요. 어떻게 바뀌고 있냐고요?

고등학교까지는 각 나라가 알아서 교육을 시키고, 대학부터는 세계가 협력을 하자는 거예요. 외국의 유명 대학에서 하고 있는 강의들을 전 세계인들에게 오픈하고 있어요. 이를 오픈 코스 웨어(Open Course Ware)라고 해요. 여러분이 잘 아는 MIT공과대학에서 처음 실시했고 지금은 많은 대학으로 확산되고 있어요. 인터넷만 연결되어 있다면 이처럼 우수한 교육을 무료로 받을 수 있게 되었답니다.

큰돈을 들여 외국에 유학 가지 않아도 좋은 강의를 들을 수 있다니 신나는 일이죠? 단, 영어를 할 수 있어야 된다는 전제가 있답니다. 여러분! 이제 영어는 전 세계인의 언어가 되었어요. 이 세상에 있는 고급 정보의 80퍼센트 이상이 영어로 되어 있으니, 지식 창조 사회를 살아갈 여러분은 반드시 영어를 모국어처럼 해야 하는 거예요. 영어를 잘해서 고급 정보 접근력이 있어야 창의적인 성과물을 만들 수 있답니다. 여러분, 아직도 영어가 힘들고 지겨운 과목이라고 생각되나요? 영어는 극복해야 할 과목이 아니라 여러분의 생존을 위해 가져야 할 도구랍니다.

인재 선발 과정이 변했어요!

이제 정리를 좀 해볼까요?

사회가 변했고, 사회가 원하는 인재상도 변했어요. 이런 인재를 키우기 위해 한국과 세계의 교육이 변하고 있지요. 이처럼 변화된 교육을 받은 학생을 어떻게 선발해야 미래 사회가 원하는 인재를 뽑을 수 있을까요?

새 술은 새 부대에 담으라는 말을 들어보셨을 거예요. 산업 사회에서 인재를 뽑는 방식은 '학력고사'였어요. 학력고사는 고등학교 3학년 때까지 배운 것을 잘 기억하고 있는 학생을 선발하는 방식이었죠. 정보화 사회가 되니 정보가 넘쳐나기 시작해 암기한다는 것이 의미가 없어졌어요. 그래서 대학에 들어가 학문을 익힐 수 있는 능력을 테스트하는 '대학수학능력시험'을 채택하게 된 거예요. 그런데 지식 창조 사회는 학문을 익힐 수 있는 능력은 기본이고 창의적인 지식 산출물을 만들어낼 수 있는 창의 인재를 선발하기 위해 '입학사정관제'를 택하게 된 거랍니다.

입학사정관제는 각 학과의 전문성을 미리 준비한 학생, 학과의 특성과 학생의 특성이 일치하는 적합성을 갖고 있는 학생, 그 학과에 열정을 가진 학생을 뽑는 인재 선발 제도랍니다. 입학사정관제로 대학에 들어가기 위해서는 일찌감치 자기 이해를 통해 자신이 갈 학과를 선정하고, 그 학과 공부를 할 수 있는 준비를 중·고등학생 시기에 해야 된답니다. 앞으로는 대학수학능력시험보다 입학사정관제로 학생을 더 많이 선발할 거라고 하니 여러분도 이에 대비해 자신의 진로를 고민하고, 개발하고, 실천해야겠죠?

롤모델을 찾아 그대로 따라해 보세요

위인이나 평소 존경해서 닮고 싶었던 분을 선택해 그분들의 인생을 엿보고 그대로 따라해 보세요. 생존해 계신 분이면 만나보는 것도 좋은 방법이에요. 유명한 분이라면 강연에 가서 질문한다든지 가까이에서 보는 것만으로도 에너지가 전달될 거예요. 가고 싶은 대학이 있다면 방문해보는 것도 좋아요. 선생님도 친구와 함께 가고 싶은 대학을 방문해 교정에 앉아보고 강의실을 둘러보기도 했는데, 수십 년이 지났지만 어제 일같이 기억이 또렷하네요. 방문 당시에는 그 학교에 갈 실력이 안 되었지만, 학교를 상상하며 힘을 내어 공부했던 기억이 나요. 아마도 이런 경험이 여러분에게도 힘을 주리라 생각해요. 여러분! 상상의 힘을 믿으세요. 나도 롤모델처럼 언젠가는 그렇게 되리라는 상상을 구체적으로 하며, 그 꿈을 이루기 위해 지금 나는 무엇을 할 것인가를 계획하고 실천한다면 반드시 이루어질 거예요. 스포츠 선수들도 이 상상의 힘을 빌려 훈련을 능가하는 실력을 보여주기도 하거든요. 상상의 힘은 참으로 대단하답니다.

stepping stone
V

나만의
맞춤식 교육이
필요해요

우리의 인생은 수많은 줄긋기(공부, 독서, 경험 등)를 통해 자신만의 무늬를 드러낸답니다.
여러분은 어떤 노력으로, 어떤 그림을 그리고 계신가요?

공부할 시간도 부족한데 독서를 해야 하나요?

독서가 중요하다는 것은 누구나 알고 있지만 제대로 알고 있는 사람은 드문 것 같아요. 독서를 하게 되면 아는 것이 많아져 똑똑해지죠. 앞에서도 말한 것처럼 독서는 사람을 도덕적으로 만든답니다. 정서적으로 풍부한 감성도 갖게 되지요.

지식사회는 지식이 자본이 되는 사회이기 때문에 독서를 통해 얻은 지식으로 돈을 벌 수 있는 사회랍니다. 2002년 '미국의 리더는 어떻게 만들어지는가?'라는 연구를 보면, 사회를 이끌어 가는 리더들은 초등학교 때까지 좋은 책을 많이 읽었다고 해요. 초등학교 시절에 읽은 책의 양과 질이 그 사람 인생의 방향과 질, 그리고 수입을 결정했다고 하네요. 미래 사회는 핵심 역량이 매우 중요하다고 했는데, 특히 창의적 사고로 만들어진 핵심 역량을 기를 수 있는 가장 훌륭한 도구가 독서랍니다.

여러분, 워런 버핏이라는 분을 아나요? 얼마 전 빌 게이츠의 아내가 운영하는 멜린다 재단에 빌 게이츠와 함께 자신의 재산을 기부한 분이죠. 주식을 통해 재산을 모았는데, 이분과 점심 식사를 하려면 몇 억을 내야 한다고 합니다. 굉장하죠? 비싼 돈을 내면서 이분과 식사를 하려는 건 이분이 가진 지식 즉 콘텐츠를 얻기 위함이죠. 그런데 여러분, 큰돈을 들이지 않고 이분과 오래 대화를 나눌 수 있다면 여러분은 어떤 생각이 드나요? 바로 따라하고 싶지 않으세요? 방법이 있답니다.

그분이 쓴 책을 읽으면 아주 오랜 시간 그분의 생각을 듣고 대화를 할 수 있는 거예요. 이처럼 책은 우리가 쉽게 만날 수 없는 위대한 스승과 은밀하게 그리고 아주 가까이에서 그들의 인생을 들을 수 있는 기회를 준답니다. 이들의 지혜가 여러분의 인생을 풍요롭게 할뿐더러 지식사회에서는 돈을 벌 수 있는 지식들을 제공하니, 독서의 중요성에 생존을 위한 독서를 하나 더 첨가해도 되겠죠? 이제 독서는 지식사회를 살아가는 여러분의 생존법이라는 걸 잊지 마세요.

학생들은 공부할 시간이 부족해서 독서할 시간이 없다고 말하는데 이것은 잘못된 생각입니다. 독서를 많이 한 친구들은 배경지식(skima)이 늘어나 공부하는 데 도움이 되고, 독서를 통해 길러진 독해 능력은 교과서를 이해하는 데 도움을 주지요. 그러니 독서는 공부에 방해되는 것이 아니라 오히려 공부를 잘하기 위한 방법이랍니다.

A Reader is a Leader!

핵심 역량을 키우는 독서 방법에 대해 알고 싶어요

우선 여러분이 관심을 갖고 있는 주제를 선택하세요. 그 단어를 백과사전에서 찾아봅니다. 백과사전에는 그 단어에 대해 여러분이 알아야 될 것들이 실려 있죠. 그 단어와 연관된 다른 단어들이 많이 나와 있을 거예요. 그중에서 관심이 가는 단어를 포털 검색란이나 인터넷 서점의 검색란에 적어보세요. 그와 관련된 많은 책들이 나온답니다. 그중 읽고 싶은 책을 골라 읽는 방법을 '키워드 독서' 또는 '주제별 독서'라고 한답니다.

그 책의 뒤에 보면 저자가 참고한 자료들이 실려 있을 거예요. 그것을 보며 저자가 어떤 책들을 읽었는가를 알 수 있어요. 거기서 또 읽고 싶은 책들을 찾아 읽으면 이것을 확산 독서라고 하지요. 책을 읽다 보면 마음에 드는 저자가 나옵니다. 그 저자가 이 책 이전에 아니면 후에 어떤 책들을 썼을까 궁금할 때가 있죠? 한 저자의 책을 집중적으로 읽는 것을 '저자별 독서'라고 한답니다.

또 출판사들은 자신들의 콘셉트에 맞는 책들을 출판하는데, 관심이 가는 주제의 책을 주로 출판하는 출판사의 책들을 읽는 것도 하나의 방법이랍니다. 출판사의 목록이 하나의 교육과정(커리큘럼)이 되는 것이죠.

또 하나, 인터넷 서점이나 블로그에 쓰인 책 리뷰를 읽다 보면 그 책과 관련된 다른 서적들을 알 수 있는 기회가 있어요. 특히 리뷰에서는 많은 사람들의 생각과 그와 유사한 책에 대한 요구들을 접할 수 있어 여러분이 혹시 책을 내게 될 때 도움이 많이 된답니다. 책을 출판하는 것이 전문가만 할 수 있는 일이 아니라 이제는 누구라도 책을 출판하고 전문가가 되는 세상이니, 여러분도 관심을 갖는 주제를 깊이 연구하여 저자가 되어보는 것은 어떠세요? 이것만으로도 대학에 갈 수 있는 기회가 될 수 있으니까요. 입학사정관제는 이런 친구들을 간절히 원하고 있답니다.

독서 이력은 강점 지능 파악과
학과 선택에 도움이 된답니다

가드너 박사가 다중 지능 이론을 세상에 내놓았을 때 교육자들은 8가지 다중 지능이 교과 분류와 유사한 점을 발견하였어요. 논리수학 지능이 높은 학생은 수학 교과를 잘하고, 음악 지능이 높은 학생은 음악 점수가 높다는 식이죠. 이를 공부하는 방법에 적용하여 음악 지능이 높은 학생은 암기할 때 노래를 지어 외우면 잘 외울 수 있어요. 다중 지능은 공부에도 활용도가 높죠. 그런데 선생님은 더 나아가 '다중 지능의 분류와 책 분류 방식의 유사성'을 발견하였어요. 책 분류 방식을 보면 124페이지의 도표와 같아요.

　책의 분류와 다중 지능, 학과를 연결 지으면 125페이지와 같은 도식이 성립된답니다.

　여러분이 읽은 책의 분류 번호를 보면 어떤 지능이 강점 지능인지 알 수 있고 관련학과도 알 수 있죠. 참 신기하지 않나요? 그래서 진로 일기에도 독서 이력란을 만들고 거기에는 제목 외에 반드시 분류 번호를 적어두는 것이 필요하답니다. 이것이 한 달 두 달 쌓이게 되면 여러분의 강점 지능 프로파일을 알 수 있게 되는 거예요. 기록 방법은 도서관 분류 기호처럼 자세할 필

한국십진분류표(Korea Decimal Classification, 제5판)

000	총류	100	철학	200	종교	300	사회과학	400	자연과학
010	도서관, 서지학	110	형이상학	210	비교종교학	310	통계학	410	수학
020	문헌정보학	120	인식, 인과, 인간	220	불교	320	경제학	420	물리학
030	백과사전	130	철학의 체계	230	기독교	330	사회학, 사회문제	430	화학
040	강연, 수필, 연설	140	경학	240	도교	340	정치학	440	천문학
070	일반 연속 간행물	150	동양철학, 사상	250	천도교	350	행정학	450	지학
060	학회, 단체, 협회	160	서양철학	260		360	법학	460	광물학
070	신문, 저널리즘	170	논리학	270	흰두교, 브라만교	370	교육학	470	생명과학
080	일반 전집, 총서	180	심리학	280	이슬람교 (회교)	380	풍속, 민속학	480	식물학
090	향토자료	190	윤리학, 도덕철학	290	기타 제 종교	390	국방, 군사학	490	동물학

500	기술과학	600	예술	700	언어	800	문학	900	역사
510	의학	610	건축술	710	한국어	810	한국문학	910	아시아
520	농업, 농학	620	조각, 조형미술	720	중국어	820	중국 문학	920	유럽
530	공학, 공학 일반	630	공예, 장식미술	730	일본어	830	일본 문학	930	아프리카
540	건축공학	640	서예	740	영어	840	영미 문학	940	북아메리카
550	기계공학	650	회화, 도화	750	독일어	850	독일 문학	950	남아메리카
560	전기, 전자공학	660	사진예술	760	프랑스어	860	프랑스 문학	960	오세아니아
570	화학공학	670	음악	770	에스파냐어	870	에스파냐 문학	970	양 극지방
580	제조업	680	공연예술	780	이탈리아어	880	이탈리아 문학	980	지리
590	생활과학	690	오락, 스포츠	790	기타 언어	890	기타 제 문학	990	전기

000 - 총류 - 문헌정보학과

100 - 철학 ▶ 대내 지능 - 철학과, 미학과

200 - 종교 ▶ 실존 지능 - 신학과, 불교학과, 종교음악과

300 - 사회과학 ▶ 대인 지능 - 사회학과, 심리학과, 상담학과, 교육학과, 경영학과

400 - 순수과학 ▶ 논리수학 지능, 자연 지능 - 수학과, 생물학과, 물리학과, 경제학과

500 - 기술과학 ▶ 논리수학 지능, 자연 지능 - 의학과, 간호학과, 농학과

600 - 예술 ▶ 공간 지능(600 - 660), 음악 지능(670), 신체 운동 지능(690) - 예술대학 관련학과, 체육학과, 문화콘텐츠학과

700 - 어학 ▶ 언어 지능 - 통역학과, 언어학과

800 - 문학 ▶ 언어 지능 - 국어국문학과, 중어중문학과, 영문학과, 문예창작과

900 - 역사 ▶ 언어 지능, 논리수학 지능, 대인 지능, 대내 지능, 공간 지능, 음악 지능, 신체 운동 지능, 자연 지능 - 역사학과, 미술사학과

요는 없고 180, 490 하는 식으로 간단히 기록하면 돼요.

꾸준한 독서는 자신의 커리어 콘텐츠가 되며, 의식하지 않았지만 몇 가지 분야에 지속적인 관심을 보였던 독서 이력이 있다면 이것만큼 정확한 경력 개발과 커리어 컨버전스를 보여주는 것도 없기 때문이죠. 진로 키워드 발견은 덤으로 갖게 될 거예요.

공부는 여러분의 꿈을 향해 가는
꿈의 징검다리입니다

학교 공부는 여러분이 키울 능력 중 하나인 기초 역량을 위한 교육과정입니다. 학교 공부는 우리에게 보이지 않는 것을 보게 만들어주지요. 우리 모두는 눈을 갖고 태어나지만 아직은 이 세상의 진리를 볼 수 없는 장님과 같습니다. '눈 뜬 장님의 상태'로 우리는 인생의 진리를 찾아 여행을 떠나는 여행자이지요. 인생이란 여행길에 숨겨진 아름다운 진리를 보기 위해서 우리는 '눈을 뜨는 체험'이 필요합니다. 공부란 여러분의 두 눈을 번쩍 뜨게 하는 것이지요. 공부를 통해 우리는 이제까지 볼 수 없었던 진리를 볼 수 있게 되는 것이랍니다. 우리는 이것을 안목(眼目)을 가진다고 하고, 더 깊어지면 통찰력(通察力)을 가진다고 해요. 비로소 진리를 볼 수 있는 두 눈을 갖게 되는 것이 랍니다.

눈을 떠서 볼 수 있는 것이 많아지는 순간을 '패러다임의 확장'이라 하지요. 이는 진리를 볼 수 있는 창문의 크기가 커지는 것과 같아요. 창문의 크기가 클수록 볼 수 있는 진리의 크기가 커지는 거예요. 공부는 여러분 인생에 이런 역할을 하는 것입니다.

예를 들어볼까요? 만유인력의 법칙을 발견한 뉴턴 말이에요. 이 세상에는 뉴턴 말고도 많은 사람들이 사과가 땅에 떨어지는 것을 보았지만 만유인력의 법칙을 발견하지는 못했죠? 왜 그럴까요? 사과가 땅에 떨어지는 현상은 눈을 뜬 사람이라면 누구나 볼 수 있지만, 그 뒤에 숨겨진 진리 즉 만유인력의 법칙이라는 보이지 않는 진리는 뉴턴이 과학 공부를 했기 때문에 발견할 수 있었던 것이니까요. 뉴턴은 과학 공부를 통해 보이지 않는 만유인력이라는 진리를 볼 수 있게 된 것이랍니다. 그래서 우리는 공부를 통해 보이지 않는 것을 볼 수 있는 또 하나의 눈을 갖게 되는 거예요.

공부를 통해 우리가 얻는 것은 성적이 아니에요. 성적은 내가 공부를 제대로 했나를 판단하는 평가 수단일 뿐이에요. 정말 중요한 것은 성적이 아니라 실력이랍니다. 실력을 높이기 위해서는 학습 목표를 가져야 한답니다. 학습 목표란 높은 성적을 얻기 위한 것이 아니라 정말 알기 위해 세우는 목표입니다. 따라서 우리는 평가 목표를 갖는 것보다는 학습 목표를 갖고 공부하는 것이 중요해요. 공부를 제대로 했다면 성적과 실력은 당연히 일치하겠지요.

그런데 요즘 미술 점수는 높은데 미적 안목이 없고, 음악 점수는 높은데 음감이나 향유할 수 있는 귀는 갖지 못하고, 수학 점수는 높은데 논리적 사고력이나 문제해결 능력은 부족하고, 체육 점수는 높으나 체력이 없고, 역사 점수는 높으면서 역사의식은 없고, 언어 점수는 높으나 의사소통 능력은 없는 기형적인 사람이 넘쳐나고 있어요.

공부는 삶과 유리된 성적만을 위한 공부가 아니라 삶에 도움이 되는 공부가 중요합니다. 배움을 실천하는 공부가 필요한 거죠. 그러나 공부를 열심히 해서 얻고자 하는 것이 성적이 아닐지라도 열심히 노력한 결과 성적이 올랐다면 남다른 성취감을 가질 수 있어요. 이때 여러분은 성적과 실력이 일치하는 사람이 되는 거예요. 근면과 성실은 덤으로 따라온답니다.

지금 하는 공부가 인생에 정말 도움이 될까요?

공부는 원래 훈련이란 뜻의 궁푸에서 온 말이라고 했어요. 실력을 쌓기 위해서는 단순한 훈련이 아니라 '전략적 훈련'이 필요해요. 전략적 훈련이란 내가 못하는 것을 집중적으로 훈련하여 잘하게 만드는 훈련이랍니다. 전략적 훈련을 통해 우리가 얻을 수 있는 것은 '미엘린'이란 세포예요.

미엘린은 세포들 사이를 둘러싸고 있는 근육인데 이것이 생겨야 실력이 늘게 되는 거예요. 미엘린 세포는 정보의 전달 속도를 높여주어 우리가 배우는 시간을 줄여주지요. 공부를 열심히 한 친구들이 암기 속도가 붙는 것과 같은 이치예요. 운동을 열심히 하면 몸에 근육이 붙는 것처럼 뇌에 근육이 생겨 뇌력이 튼튼한 친구들이 공부를 잘할 수 있는 거지요.

우리 신체의 근육들은 이전에 한 훈련을 24시간만 기억한다고 해요. 운동선수들도 근육의 기억 시간을 활용해 운동을 한답니다. 타이거 우즈나 박세리 같은 훌륭한 선수들이 경기가 있는 날에도 반드시 훈련을 하는 이유는, 근육이 기억하는 시간이 한정되어 있기 때문에 24시간 내에 연습을 해주어아 이진에 한 훈련을 근육이 기억하여 제대로 된 스윙을 할 수 있기 때문이에요.

몸근육과 마찬가지로 뇌근육도 24시간 내에 훈련해주어야 전날처럼 공부할 수 있어요. 하루를 쉬게 되면 뇌근육의 기억을 되돌리기 위해 더 많은 노력을 해야 한답니다. 가장 적은 힘을 들이고 어제처럼 공부하려면 24시간이 지나기 전에 다시 공부를 해줘야 하지요.

공부를 통해 실력을 쌓고 우리가 원하는 목표에 이르는 과정에는 쇠로 그릇을 만드는 사람의 모습과 닮은 점이 있어요. 쇠로 그릇을 만드는 사람은 가장 먼저 풀무질을 하여 불을 붙여 쇠를 녹입니다. 녹은 쇳물을 주형(그릇을 만드는 틀)에 부어 그릇을 만들고 이를 더 멋진 그릇으로 만들기 위해서 여러 도구를 이용해 두들겨 모양을 잡아가죠.

어떤 기술자는 어려움을 이겨내고 끝까지 두들겨 멋진 그릇을 만드는가 하면, 어떤 기술자는 이 모든 과정이 무척 힘이 드는지라 잠시 쉬었다 한답니다. 그런데 문제는, 잠시 쉬었던 기술자는 다시 그릇을 만들기 위해서 풀무질을 하고, 쇳물을 녹이고, 주형에 쇳물을 붓고 했던 처음 작업을 다시 해야 한다는 데 있어요. 그렇게 쉬었던 기술자는 힘든 지점이 오면 다시 쉬고 싶어져 끝내 그릇을 만들지 못하게 되지요.

공부도 마찬가지입니다. 힘이 들지만 끝까지 하는 사람은 자신이 세운 목표에 도달하게 되지만, 힘이 들어 중간에 쉬는 사람은 영원히 목표점에 도달하지 못하게 되는 것이랍니다. 학교에서 하는 공부는 이런 훈련을 하는 것입니다. 중간 중간에 시험이란 것을 두어, 끝까지 해낸 사람은 그릇을 만들어낸 기술자처럼 실력이 쌓이게 되고 몸속에는 미엘린 세포를 만들어내게 되는 것이지요.

기억할 것은, 미엘린 세포는 쉬운 일로는 생기지 않는다는 거예요. 내가 견디기 힘든 지점을 만나 극복했을 때 형성되는 것이 미엘린 세포입니다. 어려운 것을 견딘 후 만들어진 미엘린 세포는 우리가 또 다른 어려움을 만나게 될 때 우리에게 힘을 주어 극복하게 만든답니다. 학창 시절 미엘린 세포를 만들었던 친구들은 사회에 나아가 직업 생활을 할 때 어려운 상황을 접해도 이겨낼 수 있는 것이 그 때문입니다. 결국 공부는 인생을 살아가면서 어려움을 극복할 수 있는 훈련을 하는 도구라고 보면 되겠죠.

어른들은 이것을 알기 때문에 공부를 열심히 한 친구들을 인정하고 믿어주는 거예요. 그러니 학생 시절 공부를 열심히 한다는 것은 매 순간 열심히 살아왔다는 것을 증명할 수 있는 여러분의 이력서나 마찬가지겠죠? 남들이 나를 믿어주고 신뢰해주기를 바라나요? 그러면 여러분이 지금 하고 있는 공부를 열심히 해보세요. 그것이 여러분을 증명해주는 증거가 될 테니까요.

프리미어 리거인 박지성, 세계적인 발레리나 깅수진, 국민 타자 이승엽 모두 끊임없는 전략적인 연습과 훈련으로 지금의 위치에 오른 사람들이랍니다. 이들의 연습이 남들과 다른 것은, 무조건 연습 시간만 늘린 것이 아니라 자신의 약점을 강점으로 만들기 위한 피나는 연습을 했다는 데 있어요.

여러분도 수학 문제를 많이 푸는 것이 중요한 것이 아니라 자신이 가장 못하는 부분을 집중적으로 풀어서 실력을 높이는 것이 더 중요하답니다. 안 풀리는 문제를 어제도 풀고 오늘도 풀고 내일도 풀어서 풀릴 때까지 노력하는 것이 방법이에요. 지금도 혹시 안 풀리는 수학 문제 때문에 책을 덮고 있지는 않나요? 전략적인 훈련을 통해 여러분 삶에 스스로 월계관을 씌워 주세요.

직업을 갖는 데 반드시 공부가 필요한가요?

모든 직업에 반드시 공부가 필요한 것은 아니에요. 그러나 그러한 직업이라도 공부를 제대로 했다면 그 직업을 행하는 모습은 다를 거예요. 공부를 통해 길러진 '공부 체력'은 직업 생활을 하는 데 기초 체력이 된답니다. 직업 생활의 어려움을 극복할 수 있는 힘이 되지요. 이러한 '직업 체력'은 결국 '인생 체력'이 된답니다.

수학 공부를 통해 길러진 논리적 사고력이나 프로세싱 능력, 문제해결 능력 등은 슈퍼를 운영하더라도 프렌차이즈화할 수 있는 능력이 되고, 언어 공부를 통해 길러진 의사소통 능력은 기업을 운영하는 데 협상 능력으로 활용되기도 한답니다.

여러분이 잘 아는 스티브 잡스는 대학을 중퇴하였으나 학교를 떠나지 않고 자신이 듣고 싶었던 과목들을 청강하며 실력을 키웠다고 하죠? 이런 공부가 뒷받침이 되어 후에 애플의 디지털 기기들을 만드는 데 탁월함으로 나타난 거랍니다. 어떤 직업을 갖더라도 공부가 덧보태지면 남들과 다른 차별성을 드러낼 수 있는 거예요. 그러니 공부는 여러모로 쓰임새가 높다고 할 수 있죠.

학교를 졸업하면 공부를 안 해도 되나요?

지금 여러분이 살고 있는 사회는 '지식 창조 사회'라고 해요. 지식 창조 사회는 창의적인 지식이 자본이 되는 사회이므로 여러분은 사회가 요구하는 창의적인 지식을 만들어야 해요. 피터 드러커는『넥스트 소사이어티』에서 앞으로는 지식 근로자가 근로자의 대부분을 차지할 것이고 이들은 새로운 자본가들이며 지식은 핵심 자원이 될 것이라고 예견했어요. 그는 지식 근로자가 갖추어야 할 조건을 두 가지 제시했답니다. 첫째는 지식 작업을 할 수 있도록 해주는 정규 교육의 이수이고 둘째는 평생 학습이에요.

지식 창조 사회는 개인이 지식을 만들어내는 공장이 되어야 하기 때문에 정규교육(고등학교나 대학에서 받는 교육)은 지식을 만들어내는 재료가 되는 것이죠. 학생 시절 배운 것을 토대로 새로운 지식을 만들어야 한다는 의미예요.

평생 학습은 졸업한 이후에도 필요할 때 배워야 하는 것을 말한답니다. 정규교육을 통해 만든 지식을 새롭게 할 때, 이미 가지고 있는 지식이 새로운 것을 만들기에 부족할 때, 즉 지식의 신제품을 만드는 데 재료가 되는 것이 평생 학습인 거죠. 이때 가서 배우는 곳이 대학일 수도 있고 평생 학습 기관일 수도 있답니다. 다시 학교로 돌아가 창의적인 전문가가 되기 위해 관련 학문을 배우거나 이미 전공했던 학문의 새로운 지식을 습득하기 위해 평생 노력해야 합니다. 그래야 지식 창조 사회가 원하는 창의적이고 융합적인 지식을 만들 수 있는 인재가 되는 거랍니다.

산업사회에서는 지식의 효과적인 저장과 활용 방법(know how)이 중요했다면, 지식 창조 사회에서는 나에게 유용한 지식을 찾아(know where) 창의적인 지식으로 만드는 것이 중요해졌다는 의미예요. 여러분에게 필요한 지식이 어디에 있는가를 알아야 하는 거죠.

산업사회에서 교육이란 학교를 졸업하고 일터로 가는 순간 끝나버렸지만, 지식 창조 사회에서의 교육은 평생 계속되어야 한답니다. 그러니 여러분, 지금 하는 공부가 지겹다거나 졸업하면 공부가 끝난다는 생각을 가지면 안 돼요. 지금 하는 공부가 평생 학습의 토대가 되기 때문에 학생 시절 열심히 공부해두어야 평생 학습도 쉽게 즐기면서 할 수 있는 거랍니다.

시험은 왜 보는 거죠?

여러분이 공부하는 과목마다 알고 넘어가야 하는 학습 목표가 있어요. 그 목표를 달성했나 알아보기 위해 평가하는 것이 시험이랍니다. 시험은 여러분의 실력만 평가하는 것이 아니라 학습 과정이 잘 진행되었는지, 가르치는 방법은 효과적이었는지를 알아보기 위한 것이기도 하답니다.

공부란 여러분 머릿속에 입력하는 과정이고 시험은 출력하는 방법이에요. 공부를 하다 보면 머릿속에서 뒤죽박죽이 되는데 시험은 들어온 정보를 정리하기 위한 것이라고 생각하면 됩니다. 예를 들어 옷장 서랍이 정리가 잘 안 되어 있으면 찾아 입기가 힘들죠? 그래서 가끔 서랍 정리를 하는데, 이것은 필요할 때 빨리 정확하게 찾아 입기 위함이에요. 시험도 여러분의 머리에 들어온 정보들을 정확하게 찾아 쓰기 위해 가끔씩 정리하는 과정이지요.

여러분은 시험 성적에 웃고 울고 하나요? 시험을 힘겹고 피하고 싶지만 마지못해 해야 하는 일이 아니라 나를 발전시킬 수있는, 지난번 실패를 만회할 절호의 기회로, 무엇보다 학업에충분히 몰입할 수 있는 기회로 삼아야 하는 거예요. 이처럼 시험에 대한 생각을 긍정적으로 전환해 보세요. 그러면 마음도 편해지고 공부도 더 잘될 거예요. 이런 생각을 갖게 되면 친구를경쟁 상대로 생각하기보다는 이전의 나를 경쟁 상대로 삼아 발전된 '나'가 되기 위해 공부하게 된답니다. 바로 이때 실력이 느는 거예요.

〈그랑블루〉라는 프랑스 영화가 있어요. 주인공인 자크 마욜은 바다에 깊이 들어가 잠수 기록을 세우는 선수였어요. 자크는매번 스스로 기준을 세우고 자신의 기록을 경신하기 위해 대회에 출전하며 그때마다 신기록을 세우지요. 물론 바다를 너무나사랑했고요. 그러나 그의 친구는 자신의 발전에는 관심이 없고오로지 자크를 이기려는 생각으로 대회에 출전했답니다. 이런의도를 가졌기 때문에 자크가 없는 시합은 무의미했고, 기록도항상 자크에게 뒤졌지요.

자크는 항상 기쁜 마음으로 바다에 들어갔으나, 친구는 자크를 이기는 것이 목표였기 때문에 자신의 실력보다 무리를 하여결국 죽게 되지요. 우리 모두 과거의 나보다 발전하기 위해 노력해야지, 남을 이기기 위한 경쟁을 한다면 결국 비극적인 최후를 맞이하게 된다는 교훈적인 내용이었답니다.

우리는 저마다 다른 능력을 가지고 태어났기 때문에 자신이 가진 능력을 향상시키는 것이 목표가 되어야지 누구를 이기겠다는 것이 목표가 되어서는 안 된답니다.

그러면 나만의 실력을 높이기 위한 효과적인 시험공부 방법을 알아볼까요?

★ 효과적인 시험공부 방법

시험에 대비한 시간 계획을 짠다

시험 시간표에 따라 과목만 배분하는 것이 아니라 내용을 잘 살펴서 계획을 짜세요. 시험 범위는 어디이고, 내가 아는 부분과 모르는 부분은 어디이며, 시간은 얼마나 남았는지 철저히 분석하여 모르는 부분을 중심으로 계획을 짭니다.

교과서와 공책의 중요 내용을 중심으로 정리한다

교과서로 전체 내용과 요점을 파악하고 노트로 보충합니다.

학습한 내용에 관련된 문제를 풀어본다

입력을 하였으면 출력을 연습해보아야 해요. 문제는 정확히 읽었는지, 정해진 시간에 풀 수는 있는지, 답지는 잘 작성했는지, 내용 숙지가 덜 된 부분은 없는지 등을 살펴보세요.

시험을 보기 직전에 시험 범위의 목차를 보면서 내용을 회상한다
시험 시 빨리 생각나게 하기 위한 작업이에요.

시험 결과보다는 과정을 더 중시해야 해요. 시험공부에 주도적으로 임했는지, 시간 관리는 잘되었는지, 정서를 조절하는 자기 관리가 잘 이루어졌는지 등을 체크하고 다음 시험에 반영하도록 해요.

공부를 잘하기 위해서는
학원이나 과외를 해야 하나요?

학원이나 과외는 의존적인 습관을 들이게 하죠. 자기 주도 학습을 할 수 있는 사람이 자기 주도로 진로를 실천할 수 있고 결국에는 자기 주도적인 인생을 살게 돼요. 당장은 성적이 안 나오더라도 자기 주도 학습을 하는 것이 앞으로 인생을 살아가는 데더 도움이 된답니다.

서울대학교의 한 교수님은 학원이나 과외를 받아 성적이 우수해서 온 학생들보다 자기 주도 학습 전형으로 어려운 가정환경을 이겨내고 들어온 학생들이 졸업 시에 성적이 더 좋다고 하시더라고요. 그 교수님은 자기 주도 학습 전형으로만 서울대학교 학생들을 뽑고 싶다고 하셨어요. 자기 주도 학습은 지금 당장은 힘이 들지만 살아가면서 어려운 공부를 해 나갈 수 있는 힘이 되는 거예요. 그리고 부모님의 경제 상황도 배려해드려야 해요. 앞으로는 경제적으로 더 힘든 시기가 올 거예요. 여러분이 자기 주도 학습을 한다면 그것 자체로 부모님에게 힘을 드리는 거예요. 여러분이 할 수 있는 효도 가운데 하나이겠죠?

혼자서 하기 힘들다면 부모님에게 도움을 청해보세요. 공부 습관이 잡힐 때까지 곁에 있어달라고 한다든지, 도서관을 함께 다닌다거나 독서실을 다니게 해달라고 말이에요. 여러분이 실천하는 모습을 보며 부모님이 감동받을 수도 있고, 여러분은 도와주시는 부모님을 보며 나는 이런 부모님의 자녀라는 자부심을 가질 수도 있을 테니까요.

영국의 시인 존 드라이든은 "처음에는 내가 습관을 만들지만 나중에는 내가 만든 습관이 나 자신을 만든다"고 했어요. 여러분의 미래를 창조하는 위대한 습관을 만들어보면 어떨까요?

외부 교육도 중요해요!

여러분이 살아갈 미래 사회는 학교 공부를 통해 길러지는 기초 역량도 중요하지만 여러분만이 가질 수 있는 핵심 역량이 매우 중요하답니다. 문제는 이 핵심 역량을 학교에서는 가르쳐주지 않는다는 거예요. 그러니 여러분 스스로 핵심 역량을 키워 나가야 한답니다.

핵심 역량이란 여러분이 사회에 나가 직업을 갖거나 창업할 때 필요한 역량이죠. 핵심 역량을 갖기 위해서는 우선 자기 이해를 통해 전공 분야나 직업 분야를 정하는 것이 우선이에요. 직업은 반드시 하나만 정할 필요는 없답니다. 넓게 어느 분야로 갈 것인지만 정해도 핵심 역량을 기를 수 있어요.

예를 들어 교육 분야로 가겠다고 생각했다면 그것만으로도 괜찮아요. 후에 천천히 세부적인 목표를 세워도 된답니다. 더 핵심 역량이 키워지고 자신과 맞는 분야를 알게 되었을 때 유아교육을 할 것인지 초등교육을 전공하여 초등학교 선생님이 될 것인지, 사범대학을 가서 중·고등학교 교사가 될 것인지 정해도 된답니다.

이처럼 넓게 자신이 갈 분야를 정하는 것을 '진로 키워드'라고 합니다. 대체로 진로 키워드는 '~분야'처럼 여러 가지 직업을 포함하는 개념이거든요. 키워드가 정해지면 그 분야에서 요구되는 직업 기초 역량이 있답니다. 교육 분야는 의사소통 능력, 가르칠 수 있는 교수 능력, 학생들을 포용할 수 있는 포용력, 가슴이 따뜻한 심성, 문제해결 능력, 논리적 사고력, 교육 이론에 대한 기초 지식 등이 필요하지요.

따라서 교육 분야의 핵심 능력을 기르기 위해서는 독서는 물론이고 교육 관련 학회나 포럼, 컨퍼런스, 강연 등을 들어야 해요. 이런 것들은 학교에서 가르쳐주지 않기 때문에 외부 교육에 관심을 갖고 찾아다녀야 한답니다.

최근 인재 선발 제도로 채택된 입학사정관제에서는 그 학과에 전문성을 가진 학생을 원하는 만큼 입학사정관제에 대비하기 위해서라도 외부 교육에 관심을 두어야 합니다. 외부 교육이 어디서 언제 열리는가를 알기 위해서는 포털 사이트 검색창에 관심 키워드를 치면 일정과 세부 안내를 받을 수 있답니다. 문제는 대부분의 외부 교육이 여러분이 학교에 있는 시간과 기간에 열린다는 데 있죠. 이런 외부 교육에 참여할 것인지 아니면 학교 공부에 충실할 것인지는 여러분의 판단에 달렸어요. 여러분의 현명한 판단을 기대할게요.

강점 지능을 핵심 역량으로 만드는 나만의 맞춤식 교육과정을 가지세요

앞으로는 모든 학생이 똑같은 교과서로 똑같은 교육을 똑같은 방식으로 받는 지금의 방식이 좀 달라질지 모릅니다. 왜냐하면 개성화 시대, 다원화 시대가 되어 개성이 주목받고 남들과 다른 능력이 환영받는 시대가 될 것이기 때문이에요.

그렇다면 나의 강점 지능을 살려줄 수 있는, 나에게 맞는 맞춤식 교육과정을 스스로 밟아 나가야 한답니다. 만약 창의적인 패션디자이너가 되고 싶다면 우선 학교 공부를 열심히 해야 하지만, 디자인 교육을 받을 수 있는 사교육이나 학교 미술 동아리를 통해 미술 실기 능력도 길러야겠죠. 더 나아가 최근 패션 트랜드를 알기 위해서는 서울 패션위크 같은 패션쇼에 참석하여 유명한 디자이너들의 패션 코드를 파악해야 해요. 이처럼 패션쇼에 참석하는 것도 학교 공부와 마찬가지로 매우 중요한 교육이고 여러분에게 맞춤식 교육이라는 것을 잊지 마세요.

또 시장에 들러 어떤 옷이 사람들의 관심을 끄는지 살피고 옷감 시장에 가서는 어떤 천이 유행하는지 파악하는 것도 맞춤식 교육과정이랍니다. 이런 맞춤식 교육을 통해 여러분의 핵심 역량이 길러지는 것이지요. 맞춤식 교육은 주로 대학에서 행해지지만 나이가 어리다고 못할 것은 없어요. 그러니 부지런히 자신이 가고자 하는 직업 분야에 관심을 가지며 내가 무엇을 할 것인가를 고민하세요.

인적자원을 활용하세요

학교에서는 선생님에게 배우지만 사회에서도 여러분을 기르쳐 줄 분들이 많답니다. 『부자 아빠 가난한 아빠』를 쓴 로버트 기요사키는 두 분의 아버지, 자신을 낳아주신 가난한 진짜 아버지와 친구 아버지였던 부자 아빠가 지금의 자신을 만들어주었다고 하는군요. 가난한 아빠에게는 바른 교육을, 부자 아빠에게는 부자로 사는 방법을 배웠다고 해요.

선생님 아들이 대학에 입학하여 아빠, 엄마, 친구들이 축하 힘이 들어 바닷가를 혼자 걷고 싶을 때가 있지요?
하지만 때론 누군가를 찾아 함께 걸으세요.
부모님, 선생님, 친구, 혹은 책 한 권이 여러분을 도와줄 거예요.

해주는 자리가 있었는데, 소감을 말하라고 하니 "여러 분의 아버지와 여러 분의 어머니와 함께 인생을 살아가는 느낌"이라고 말하더군요. 아들이 택한 진로 분야에 아버지 친구분들과 어머니 친구분들이 많이 도와주었기 때문에 그렇게 느꼈나 봅니다.

여러분은 몇 분의 아버지와 몇 분의 어머니를 두고 있나요? 주변을 둘러보세요. 여러분의 아버지와 어머니가 되어주실 분들이 많답니다. 그분들의 지혜와 지식이 여러분을 키워줄 거예요. 물론 여러분의 아버지 어머니는 사랑을 가지고 여러분의 성장을 지켜보실 거예요.

사람은 사람이 키운답니다. 그러니 여러분을 키워줄 어른들을 많이 가지는 것이 좋아요. 예의 바르게 행동하고 진정성 있게 도움을 청한다면 여러분의 진로에 길을 열어주실 거예요. 이런 기회를 갖기 위해서는 부모님 모임에 기쁜 마음으로 참석하여 어른들 말씀에 귀를 기울이세요. 친구와의 만남도 좋지만 어른들과의 만남은 좋은 책을 읽는 것처럼 여러 분에게서 삶의 지혜를 얻는 일이 될 거예요.

유명 인사나 직업인을 멘토로 삼고 싶은데 방법을 알려주세요

진로를 선택하고 개발해 나가는 데 멘토의 역할은 매우 중요하답니다. 내가 되고 싶은 유명 인사나 내가 하고 싶은 직업에 종사하는 분들이라면 많은 도움이 되겠죠. 멘토는 나의 꿈의 크기를 키워주고, 가야 할 방향을 알려주며, 도달하는 방법에 대해 알려주는 분이랍니다.

멘토는 여러분이 가진 잠재력을 확대하도록 도와주는 역할을 하는데, 비고츠키(Vygotsky)란 학자는 이것을 '비계 설정'이라고 하였답니다. 비계란 건물을 지을 때 건물 외벽에 올라가기 위해 놓는 지그재그 모양의 철재 사다리입니다. 멘토란 여러분에게 꿈을 향해 올라가는 비계의 역할을 해주는 사람이지요. 멘토를 통해 여러분의 잠재력이 깨어나고 확장되는 것입니다.

비고츠키는 정신적 연령이 동일하면 일정 수준의 문제는 동일하게 풀 수 있으나 성인(부모, 멘토, 선생님)의 도움을 받으면 문제를 푸는 정도에 차이가 난다고 보고, 이를 '근접 발달 영역'이라 하였어요. 근접 발달 영역이란 여러분 스스로 문제해결을 할 때 나타나는 실제적 발달 수준과 성인의 지도하에 문제를 해결할 때 나타나는 잠재적 발달 수준 간의 차이를 의미하는 거예요. 혼자서 문제를 해결하는 것보다는 멘토의 도움을 받아 해결하는 것이 수준이 더 높겠죠? 그래서 멘토의 역할은 중요하답니다.

그러나 멘토를 구하기가 쉽지는 않죠? 멘토를 구하는 방법을 알려드릴게요. 여러분의 멘토가 유명 인사라면 SNS를 활용하면 된답니다. 트위터의 경우 멘토의 팔로워가 되어 그분의 일거수일투족을 관찰합니다. 그분이 어떤 책을 읽고 어떤 책을 집필했는지, 최근의 관심사는 무엇이며 어디서 강연을 하는지 파악합니다. 멘토를 찾아가기 전에 우선 그분이 쓴 책을 읽는 것은 필수이겠죠? 책에는 그분의 생각이나 주장이 드러나고 가치관이 담겨 있으므로 '멘토 따라하기'를 하면 됩니다. 책을 읽은 후에는 그분의 관심사에 대해 공부합니다. 만약 강연을 하신다면 강연에 참석하여 그간 공부한 것에 대해 궁금한 것이 있으면 질문하면서 여러분을 알리면 됩니다. 여러분의 열정에 감동하신다면 충분히 멘토가 되어주실 거예요. 어른들은 열정을 갖고 열심히 공부하는 청소년을 보면 잘되도록 도움을 주시거든요. 멘토를 만나 도움을 청하기 위해서는 사전에 멘토에 대한 공부를 많이 해두는 것이 예의랍니다.

페이스북의 경우 친구맺기를 통해 친구가 되면 멘토의 일정이나 근황을 알 수 있으며, 채팅으로 대화를 나눌 수 있어 만나지 않고도 멘토에게 궁금한 것을 물어볼 수 있답니다. 이런 방식으로 관계를 맺다 보면 만나게 되는 경우도 생긴답니다. 여러분의 열정을 알리는 것이 중요하지요.

만약 직업에 종사하는 분이라면, 최근에는 멘토를 연결해주는 앱이나 사이트가 있으니 그곳을 이용하면 된답니다. 여러분이 들어가고 싶은 직장인을 만나고 싶다면 멘토를 만나게 해주는 앱이 있으니 찾아서 신청하세요. 커피 한잔을 사드리면서 생생한 체험담을 들을 수 있답니다. 다음은 멘토와 연결해주는 사이트이니 참고하시기 바라요.

http://www.menple.com

http://www.wisdo.me

http://www.libbon.co.kr

http://www.ruhere.co.kr

stepping stone
VI

학습 에너지론

여러분은 지금 어떤 길을 걷고 있나요? 그 길의 문이 닫혀 있다고 느껴지나요?
노력을 통해 그 문을 열 수가 있답니다. 하나의 문이 열리면 또 다른 문이 기다리고 있을 거예요.
우리 모두는 인생의 닫힌 문을 열고 나아가는 삶을 살고 있는 거랍니다.

성적과 실력이 일치하고 성과를 내는 공부를 하려면 여러분의 '에너지를 관리'해야 해요. 공부는 인생에서 하는 일 가운데 가장 에너지가 많이 드는 것이기 때문이에요. 선생님은 이를 '학습 에너지론'이라 한답니다.

우선 공부를 하기 위해서는 학습에 필요한 에너지를 모아야 해요. 즉, 공부하겠다고 하는 내적 동기, 학습 목표 설정, 학습 에너지를 최소한으로 쓰기 위한 절약 방법인 학습 습관 잡기, 꿈에 대한 열정 등이 여기에 포함돼요.

모아진 학습 에너지를 분배하는 것은 학습 목표에 따른 과제를 시간별로 나누는 시간 관리가 됩니다. 이것은 물리적인 시간 관리법이죠. 그러나 시간에는 물리적 시간만 있는 것이 아니라 집중이나 몰입을 통해 시간을 창조할 수 있는 질적 시간도 있답니다. 우리 모두에게 24시간이 똑같이 주어지지만 어떻게 쓰느냐에 따라 그 이상으로도 사용할 수 있는 거예요.

학습에 에너지를 많이 썼다면 에너지를 충전해야 해요. 배고
플 때 음식을 먹어 활동하기 위한 에너지를 만드는 것과 같은
것이죠. 가장 효과적인 에너지 충전은 자신의 강점 지능을 이용
하여 여가 활동을 하는 거랍니다. 그 예로 신체 운동 지능이 높
은 학생은 운동으로, 대인 지능이 높은 학생은 친구와의 대화
로, 자기 성찰 지능이 높은 학생은 독서나 자신과의 대화를 통
해 공부하느라 빠져나간 에너지를 보충하는 거예요.

이처럼 학습 에너지를 충전하는 것도 중요하지만 에너지가
빠져나가는 것을 막는 것도 학습 에너지를 관리하는 하나의 방
법이랍니다. 주로 자신의 감정을 관리하는 방법으로 자신의 감
성 지능(EQ.: Emotional Quotient)을 활용하게 되지요. 예컨대 융
통성 있는 계획 세우기, 창조적 사고, 주의 집중의 전환, 동기화
(집중력, 만족 지연 능력, 낙관성) 능력을 키우고 이를 잘 활용하기
위해서는 자신의 감정을 잘 들여다보는 것이 도움이 된답니다.
이제 하나하나 살펴볼까요.

학습 에너지 모으기

●

목표 설정, 내적 동기, 열정, 학습 습관

학습에 필요한 에너지를 모으기 위해서는 내적 동기에 의한 목표 설정이 중요하답니다. 미국『석세스』지가 조사한 바에 의하면 미국 사람들의 95퍼센트가 인생의 목표를 적어본 적이 없고 단 5퍼센트만이 적었다고 하네요. 명확한 목표를 적는 것은 스스로를 변화시키는 강력한 동기부여가 되며 에너지를 모아 능력을 극대화시킨다는 것을 알아두세요.

★ 학습 목표를 설정하는 방법

내적 동기가 중요하다.

큰 그림(인생 계획)부터 그려야 한다. -어떻게 살 것인가? 무엇을 하고 살 것인가?

우선순위를 정한다.

목표는 구체적이고 연관성이 있어야 한다.

목표는 실현 가능해야 한다.

목표는 성과가 나타나야 한다.

목표는 자기 이해를 기초로 스스로 정해야 한다.

목표는 나만을 위한 목표보다는 타인을 위한 나눔에 있을 때 더 에너지를 모을 수 있다.

내적 동기가 중요해요

성공한 사람 100명에게 물어보았어요. "당신을 성공으로 이끈 것은 외부의 인정이나 돈이었는가?" 여기에 답은 모두 '아니오' 였답니다. 외부의 인정이나 돈을 우리는 '외적 동기'라고 해요. 이들은 그냥 그 일을 하고 싶은 '내적 동기' 즉 자기 스스로 하고 싶은 자기 목표가 자신을 성공으로 이끌었다고 대답했답니다.

〈그랑블루〉 영화에 나왔던 자크 마욜도 스스로 자신의 기록을 갱신하고자 하는 내적 동기가 있었기 때문에 바닷속에 잠수하는 데 '최소의 에너지로 최대의 효과'를 낸 것이랍니다. 이처럼 내적 동기는 공부하는 데도 에너지를 최소로 쓰면서 최대의 효과를 낼 수 있는 방법이랍니다. 단, 내적 동기 유발을 하려면 너무 어렵거나 너무 쉬운 목표가 아니라 여러분이 노력하여 도달할 수 있는 도전적인 목표를 정해야 한답니다.

큰 그림부터 그려야 해요

나는 어떤 사람이 될 것인가, 무엇을 하며 살 것인가 하는 큰 그림부터 그리세요. 그리고 나서 스몰 윈(small win)을 정하세요. 스몰 윈은 여러분의 꿈을 향한 징검다리 계획이랍니다. 예를 들면 여러분이 보는 시험이나 경시대회, 대학 입시 같은 것을 작은 학습 목표로 정하는 것이에요. 이렇게 작은 목표들을 이루어 나가다 보면 여러분의 큰 꿈에 한층 다가간답니다.

★ 인생 계획

가장 먼저 세워야 할 계획이 인생 계획이에요. 인생 계획을 세울 때 잊지 말아야 할 것은 여러분의 창의력과 기초 실력이 최고조에 달하는 시기가 25세라는 거예요. 지금 갓 태어난 아이라해도 25년 가운데 8년은 잠으로 보내고, 8년은 일상생활로 보내며, 8년 정도만이 아이가 앞으로 살아갈 때 필요한 기초 능력과 창의력 배양에 쓸 수 있는 시간이랍니다. 지금 여러분의 나이는 몇 살인가요? 25살에서 여러분 나이를 빼보세요. 몇 년이 남아 있나요? 그중 3분의 1은 잠을 자고, 3분의 1은 학교에 다니고 밥을 먹고 친구와 대화를 나누는 등 일상생활로 보내죠. 그리고 마지막 남은 3분의 1이라는 시간이 여러분의 미래를 위해 쓸 수 있는 시간이랍니다. 그러니 1분 1초도 귀하게 지내야겠죠?

여러분이 되고자 하는 꿈을 이루기 위해 남은 시간 나는 무엇을 공부해야 하고 어떤 준비를 해야만 내 꿈을 이룰 수 있을 것인가를 진지하게 생각해보아야 합니다. 여러분이 가진 것 중에서 시간이 가장 값지다는 것을 깨달아야 해요.

★ 연간 계획

여러분의 꿈을 위해 해야 할 것들을 생각하고 매해 할 것들을 정해보세요. 올해는 무엇을 하고 내년에는 그리고 후년에는 무엇을 할 것인지 계획을 세워보세요.

★ 월간 계획

한 해에 할 것들이 정해졌다면 1년 동안 해야 할 것을 12달로 나누어 계획을 세우는 거예요. 만약 수학 문제집을 한 권 풀겠다고 계획했다면 문제집 페이지를 12로 나누어 한 달간 풀 양을 정하면 되겠죠?

★ 주간 계획

계획들 가운데 여러분의 실천과 가장 긴밀한 것은 주간 계획과 일일 계획이에요. 여러분의 일과가 주간 단위로 이루어지기 때문에 꼼꼼하게 세워야 하는 계획들이랍니다. 주간 계획을 세우기 전에 월간 계획을 보고 참고하며 세우면 돼요. 주간 계획을 제대로 실천하면 학습 습관이 생긴답니다.

주간 계획에는 학교, 학원 스케줄, 노는 시간, 독서 시간을 정하고 나머지 시간에 공부 시간을 배치하는데, 가능하면 일정한 시간대를 공부 시간에 할애하면 몸이 그 시간대가 되면 공부하는 모드로 준비되어 에너지를 많이 쓰지 않고도 효율적으로 학습할 수 있답니다.

조사에 의하면 최상위권은 주당 40시간, 상위권은 20시간 자기 주도 학습을 한다고 합니다. 중학생 이상인 경우 하루에 적어도 3시간 이상 자기 주도 학습 시간을 만들어 실천해야 해요.

★ 일일 계획

일일 계획은 우선순위에 집중하여 하루를 효과적으로 보내기 위해 필요한 거랍니다. 그러나 일일 계획만 세우면 자신의 목표를 잊어버릴 위험이 있으므로 주간, 월간, 연간, 인생 계획을 항상 점검하며 일일 계획을 세워야 해요.

그날 과제는 반드시 그날 끝내야 해요. 우선 그날 과제를 잘게 나누어 순서를 정하고 모든 과제에 대해 마감 시간을 정해 하나씩 마무리해야 합니다. 가장 하기 싫고 힘든 과목은 컨디션이 가장 좋은 시간을 선택하는 것이 효율적이에요. 자신이 좋아하고 잘하는 과목은 잠이 오는 시간에 해도 견딜 수 있으니까요.

과학 이론 중 '자유에너지론'이라는 것이 있어요. 어떤 화학 반응이 계속 진행될 때 유효한 일을 해나갈 에너지를 말해요. 전체 에너지가 아무리 많아도 생산적이지 않고 필요치도 않은 일에 에너지를 집중하다 보면 쓸 수 있는 자유에너지의 양이 적어지는데, 같은 이유로 전체 에너지가 적어도 생활 관리를 잘하면 오히려 쓸 수 있는 자유에너지 양이 낭비하는 사람보다 많아진다는 이야기예요.

미국에서 어느 영업 사원이 언제나 시간이 없다고 하여 그의 일상을 따라다니며 정말 시간이 모자라는가를 알아보는 실험을 2년에 걸쳐 했다고 해요. 그런데 관찰 결과 그 영업 사원은 자신이 가지 않아도 될 회합에 참석하고 있었고, 굳이 참석하지 않아도 되는 파티에 어울렸으며, 많은 시간을 휴식 시간에 할당하고 있었다는 거예요. 그래서 영업 사원이 몇 시간을 영업에 쓰는가를 보았더니 하루에 2~3시간만을 영업에 쓰고 있었다는 겁니다.

이러한 예는 비단 영업 사원만의 이야기는 아닐 거예요. 여러분도 무심코 쓰는 시간을 면밀히 관찰해보면 생산적이지 않은 일에 몰두하고 있거나, 당장 필요하지 않은 물건을 사기 위해 인터넷을 하고 있을지도 몰라요. 만약 혼자만의 의지로 하기 힘들다면 부모님께 도움을 청하는 것도 좋아요. 예를 들어 공부하러 방에 들어갈 때 휴대폰을 맡긴다든지 컴퓨터를 거실로 옮기는 것 말이에요. 처음에는 힘들겠지만 습관이 되면 휴대폰이나 컴퓨터가 옆에 있어도 방해받지 않고 공부에 전념할 수 있을 거예요.

우리가 시간 관리를 하는 것은, 내가 행복할 수 있고 나의 가치관을 실현하며 즐길 수 있는 진로를 찾기 위해 자아 개발과 자아 성장을 할 수 있는 가용 시간을 확보하려는 것이랍니다. 물론 여러분 나이에는 대부분의 시간이 공부에 사용되겠죠. 이렇게 시간이 확보되면 나와 타인을 위해 기여할 수 있는 능력을 가진 사람이 될 수 있답니다.

목표 달성을 위해 이렇게 하세요

목표 달성을 위해 우선순위 정하기

목표를 달성하기 위해서는 우선순위를 정해 집중하고, 한 번에 한 가지 일만을 수행하는 것이 효율적이랍니다. 우선순위를 알기 쉽게 해주는 '아이젠하워의 원리'를 알려드릴게요.

아이젠하워의 원리는 개인적으로 가치 있게 생각하는 '중요성'과 즉각적으로 대처해야 하는 '긴급성'을 기준으로 4가지 상황을 나누어 우선순위를 정한답니다.

긴급하면서 중요한 일 : 시험

긴급하나 중요하지 않은 일 : 체면치레, 경조사, 눈도장 찍기, 불필요한 전화, 각종 모임, 쓸데없는 참견, 지나고 나면 꼭 내가 안 해도 되는 것인데 하는 경우, 하고 나서 이건 아니야, 라는 느낌이 드는 일

긴급하지는 않지만 중요한 일 : 꿈을 이루기 위한 공부, 운동, 가족 간의 대화, 힘들어도 하고 나면 뿌듯한 일, 주제를 갖고 하는 토론

긴급하지도 않고 중요하지도 않은 일 : 게임이나 채팅, 인터넷 뒤지기, 잡담

여러분은 어떤 일에 시간을 가장 많이 사용하고 있나요? 꿈을 이루기 위해서는 긴급하지는 않으나 중요한 일에 시간을 사용해야 합니다. 그러한 공부가 여러분의 진짜 실력이 되니까요. 긴급하지도 않고 중요하지도 않은 일은 절대 하지 말아야 하고, 긴급하나 중요하지 않은 일은 당분간 여러분의 꿈을 위해 미뤄두세요.

구체적이고 연관성 있는 목표

계획이 구체적이어야 성과가 나온답니다. 성과를 내기 위한 구

체적인 계획을 세우세요. 그러면 시간이 단축되고 에너지가 모인답니다. 구체적인 목표는 '공부를 열심히 한다'가 아니라 '하루에 단어를 20개씩 외운다'와 같은 것이에요.

또한 목표 사이에 연관성이 있어야 해요. 만약 최고의 운동화를 만드는 사업을 하는 것이 꿈이라면, 대학 학과 설정을 산업디자인과로 하고, 대학 졸업 후 어느 스포츠용품 회사에 입사할 것이고, 회사를 다니며 경영대학원을 다니고, 사업 자금을 얼마를 모아 창업을 한다는 식으로 일관성을 갖고 목표를 세워야 합니다.

실현 가능한 목표

계획을 세울 때는 실현 가능하도록 확실한 자료와 정보를 기초로 현실성 있게 세워야 해요. 근거 없는 단순한 희망, 포부, 열정만으로 계획을 세우는 것은 실패할 계획을 세우는 것과 같아요. 성취할 수 있는 도전적 목표를 세워야 동기 유발이 잘된답니다.

성과가 나타나는 목표

실현 가능한 목표라야 성과를 낼 수 있답니다. 성과가 나오지 않는 목표는 무의미하겠죠?

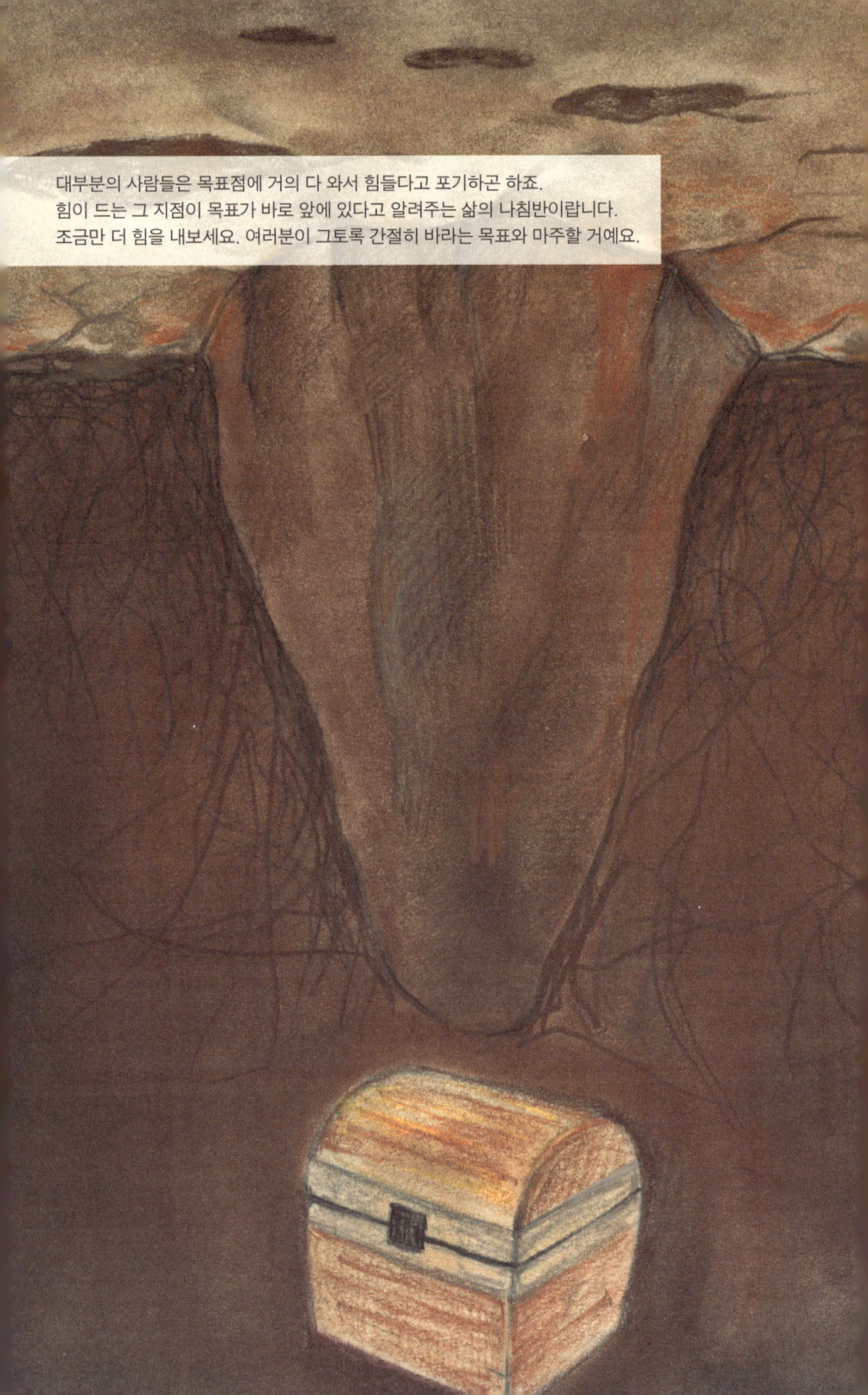

대부분의 사람들은 목표점에 거의 다 와서 힘들다고 포기하곤 하죠.
힘이 드는 그 지점이 목표가 바로 앞에 있다고 알려주는 삶의 나침반이랍니다.
조금만 더 힘을 내보세요. 여러분이 그토록 간절히 바라는 목표와 마주할 거예요.

자기 이해를 기초로 스스로 정한 목표

목표는 자기 이해가 바탕이 되어야 합니다. 예를 들어 공부할 의지는 있는데 방법을 모른다든지, 방법만 알고 공부할 의지가 없다든지, 공부할 의지도 없고 방법도 모른다든지, 의지도 있고 방법도 안다든지 등, 자신에 대해 철저히 이해하고 목표를 세워야 해요. 그래야 자신이 공부를 위해 무엇을 해야 하는지 드러난답니다.

　공부할 의지는 있는데 방법을 모르는 학생은 공부법 책을 하나 선택해 그대로 따라해 보세요. 방법은 아는데 공부할 의지가 없는 학생은 나의 미래, 나의 꿈에 대해 진지하게 생각해보세요. 꿈을 설정하는 것도 하나의 방법이 될 거예요. 의지도 없고 방법도 모르는 학생은 학습 습관이 생기도록 일정한 장소에서 일정한 시간에 공부하는 습관을 들여보세요. 그러다 보면 공부가 재미있어진다든지 자신만의 목표가 생길 거예요. 공부할 의지가 있고 방법도 아는 학생은 충분히 자기 주도 학습을 할 수 있는 학생이랍니다.

타인과 나눌 수 있는 목표

나만을 위해 학습 목표를 세우는 것보다 더 큰 뜻을 품고 세우는 것이 학습 에너지를 더 모을 수 있어요. 예를 들어 운동선수가 친구를 이기기 위해 운동하기보다 국가 대표로 가슴에 국기를 달고 나갔을 때 더 역량이 발휘되는 것과 같은 것이죠. 그러니 여러분도 나를 뛰어넘는 위대한 목표를 가져보세요. 공부가 한층 잘될 거예요.

이처럼 인생을 선순환의 수레바퀴에 집어넣을 수 있는 습관을 윌리엄 글라서는 '긍정적 중독'이라 부르고 부정적 중독과 구별하였답니다. 여러분도 좋은 습관을 길러 긍정적 중독에 빠져보세요. 하루라도 공부를 거르면 입안에 가시가 돋을 거예요.

학습 에너지를 절약하세요

공부 방법을 아는 것도 학습 에너지를 절약하는 방법

공부 방법을 아는 것도 학습에 드는 에너지를 절약하는 방법이에요. 서점에 가면 공부 방법을 알리는 책들이 많이 있죠? 여러분도 읽어보셨나요? 도움이 되던가요? 왜 도움이 안 될까요?

공부법 책들은 그 책을 쓴 저자의 공부법이랍니다. 여러분만의 공부법을 만들어야 해요. 자신만의 공부법을 만들기 위해서는 우선 공부를 하려는 의지가 있어야 합니다. '의지'가 있으면 '시간'을 내어 공부하게 되겠죠? 그 과정에서 '방법'이 만들어지는 것입니다. 그 방법에 따라 '실천'하다 보면 그것이 여러분만의 공부법이 되는 거랍니다.

어떻게 해야 할지 모르겠다고요? 그러면 마음에 드는 책을 하나만 삽니다. 그 책에서 하라는 방식을 다 따라하는 거예요. 하다 보면 자신에게 맞는 방법도 있지만 도저히 따라할 수 없는 방법도 있을 거예요. 따라하지 못할 것은 자신의 방법으로 해보세요. 이런 과정을 지속하다 보면 물론 실패할 경우도 많겠지만 어느덧 여러분만의 공부법을 개발하게 될 거예요. 이렇게 개발된 여러분만의 공부법은 평생 학습을 하는 데 도움이 되겠죠?

노트 필기를 잘하는 것도 학습 에너지를 줄이는 방법

노트 필기를 잘해두는 것도 학습 에너지를 절약하는 방법이랍니다. 노트 필기의 목적은 나중에 복습하기 위함으로, 이 방법은 코넬대학에서 개발하여 '코넬 시스템'이라 불린답니다. 5R(Read, Reduce, Recite, Reflect, Review)이라 하기도 해요.

★ 쓰기(Read)

우선 수업 내용을 충실하게 받아쓰는 거예요. 수업 전에 예습을 하면 선생님이 무엇을 강의하려 하는지 파악할 수 있고 수업에 집중이 잘된답니다. 잘 쓰려면 예습이 필수겠죠?

★ 요약하기(Reduce)

수업이 끝나고 쉬는 시간을 이용하여 5분간 적어놓은 노트를 요약하여 중요 개념을 핵심어로 적어놓는다든지 알아보기 쉽게 여러분만 아는 중요 표시를 해두세요. 시험 공부할 때 매우 유용하게 사용될 거예요.

★ 소리 내어 되풀이하기(Recite)

집에 와서 요약된 단어만 보고 수업 내용을 소리 내어 되풀이해보는 거예요. 이때 질문이 생기고, 머릿속에서 정리와 기억이 잘된답니다.

★ 다시 생각하기(Reflect)

소리 내어 되풀이하는 과정에서 다시 생각하면 기억이 잘된답니다.

★ 복습하기(Review)

일주일에 과목당 5~10분만 할애하여 위의 4가지를 복습하면 기억력이 2배 향상된답니다.

학습 습관을 만들어요

공부는 잘하고 싶은데 공부하고 싶은 마음이 안 든다면

학생이라면 누구나 공부를 잘하고 싶은 마음이 있죠. 그러나 공부하고 싶은 마음이 안 들 때도 있어요. 이런 현상이 가끔이 아니라 매번 든다면 학습 동기가 부족한 친구라는 생각이 드네요. 학습 동기가 부족한 친구들은 작심삼일이 되기 쉬워요. 이런 학생들은 실망하지 말고 3일마다 동기부여 의식을 치르면 돼요.

가장 중요한 것은 나는 왜 공부를 하려고 하는가? 공부는 내 인생에 어떤 도움이 되는가? 내 꿈은 무엇인가? 공부는 내 꿈을 이루어줄 수 있는가? 공부가 내 꿈을 이루어줄 수 있다면 학생인 나는 지금 무엇을 해야 하고 어떻게 행동해야 하는가? 등등의 아주 근원적인 생각을 해보는 거예요.

이런 생각들을 혼자 하기 힘들다면, 대인 지능이 뛰어난 학생들은 멘토나 아는 어른들과의 대화를 통해서 동기를 충전할 수 있죠. 사람이 보약인 셈이에요. 사람에 대한 관심은 동일하지만 대내 지능이 높은 학생은 자신과의 대화를 깊이 있게 하면 답이 나온답니다. 논리수학 지능이 높은 학생은 자신의 목표와 시간을 대비하면서 방법을 찾다 보면 다시 동기를 찾을 수 있어요. 공간 지능이 뛰어난 학생은 마인드맵으로 자신의 목표들을 차분히 정리해보면 도움이 될 거예요.

때로는 너무 무기력해 공부할 마음조차 일어나지 않는 친구들도 있을 거예요. 여러분, 공부는 무엇으로 할까요? 머리가 할까요? 그렇다면 IQ 좋은 친구들만 공부를 잘하겠죠? 그런데 그렇지 않아요. 공부는 머리도 중요하지만 몸이 하는 거랍니다. 공부가 안 되면 우선 몸을 움직여보세요. 운동을 해도 좋고, 등산을 해도 좋고, 공부방 청소를 하는 것도 좋아요. 인간은 몸이 움직여야 마음이 움직이고 마음이 움직여야 머리가 움직이는 거예요. 머리로만 공부를 잘하고 싶다고 하는 것은 공부할 마음이 없는 것이고, 공부할 마음이 없기 때문에 행동으로 공부를 할 수 없게 되는 것이니까요. 먼저 몸을 움직여 여러분의 뇌를 움직여보세요.

여러분 누구나 공부를 잘하고 싶은 마음은 있지만 주변에서 그 마음을 믿어주지 않을 때 섭섭하게 느낄 거예요. 그 책임은 주변 사람들에게 있는 것이 아니라 믿지 못하게 만들어온 여러분에게도 책임이 있는 거랍니다. 여러분이 공부를 잘하고자 하는 마음을 행동으로 보여준다면 주변에서 많이 도와줄 거예요.

공부를 시작하는 데 시간이 걸린다면

공부를 시작하는 데 시간이 오래 걸려 어머니에게 혼나는 친구들은 공부 외의 다른 활동을 하기 때문일 거예요. 이런 친구들은 목욕을 한다든지, 서랍 정리를 한다든지, 일단 무언가를 먹고 시작한다든지, 보고 있던 TV 프로를 끝까지 보다 주로 혼나잖아요. 그런데 여러분도 그런 행동을 하는 이유가 다 있을 거라고 믿어요. 선생님은 여러분의 행동을 공부하기 위해 학습 에너지를 가다듬는 행동으로 보거든요. 예를 들어 몸이 깨끗해야 공부가 잘된다든지, 책상이 어지러우면 공부가 안 돼서 그런다든지, 배고프면 공부가 안 되고, 보던 프로를 중단하면 궁금해서 안 되는 등.

이럴 때는 어머니에게 나-표현(I-Message) 대화로 먼저 양해를 구하세요. 여러분이 그렇게 행동하는 이유를 말하지 않기 때문에 어머니가 몰라서, 그리고 걱정이 돼서 그러시는 거예요. '이것부터 먼저 하고 공부할게요. 그 이유는 이러저러해서예요'라고 말하면 어머니도 이해해주실 거예요.

자기 전에 누워서 다음 날 공부할 것들을 생각해보세요. 공부를 시작하기 전에도 공부 계획을 세우고 하면 수월할 거예요. 공부 시작 전 자기만의 워밍업 습관도 만들어보세요. 선생님은 공부 시작 전에 화장실에 갔다가 손을 닦는 습관을 들였어요.

화장실을 가지 않고 공부를 시작하면 얼마 안 돼 화장실에 가게 되고 공부의 흐름이 깨지기 때문에 가급적 중간에 일어나지 않고 집중하려는 의도에서 시작한 거예요.

아니면 아로마(페퍼민트가 학습 집중력을 높여준답니다)을 피운다든지 따뜻한 차를 준비한다든지 등등 자신만의 습관으로 이제는 공부할 시간임을 스스로에게 알리세요. 이처럼 몸이 준비되면 머리도 준비하기 때문이죠. 책상 정리는 필수겠죠. 공부를 해도 성적이 잘 안 나오는 친구들은 사물을 정리하는 습관을 들여 보세요. 공부는 머릿속을 정리하는 것이기 때문에 공부방이 정리가 잘되어 있는 친구들이 공부를 잘할 가능성이 높거든요. 자신만의 방법을 사용하여 여러분의 학습 에너지를 효율적으로 관리해보세요.

학습 습관이 아직 잡히지 않았는데 어떡하죠?

$$습관(Habits) = 의지(Desire) \times 시간(Time) \times 방법(Method)$$
$$\times 실천(Act)$$

학습 습관은 학습 에너지를 최소로 들이고 학습 효과를 최대로 높이는 방법이랍니다. 그래서 학습 습관이 잘 잡혀 있는 친구들이 공부의 성과도 잘 나오는 거예요. 그러니 학습 습관을 잡는 것은 공부를 잘하기 위해 가장 먼저 해야 할 일이겠죠?

아직 학습 습관이 들지 않은 어린아이의 경우 30일 정도 지속적으로 공부를 하면 학습 습관이 잡힌답니다. 그런데 여러분은 공부를 처음 하는 경우가 아니죠? 아마 좋은 학습 습관보다는 나쁜 학습 습관이 잡혀 있을지도 몰라요. 안 좋은 습관이 들어 있는 사람이 그 습관을 바꾸려면 30번이 아니라 300번의 노력을 하루도 빠짐없이 지속해야 해요. 만약 하루라도 거르면 그날부터 다시 300일이란 시간을 들여야 하는 거예요. 만약 여러분이 안 좋은 학습 습관을 고치려 한다면 적어도 1년을 쉬지 않고 노력해야 좋은 습관을 몸에 배게 할 수 있어요. 그래서 습관은 처음이 가장 중요한 거랍니다. 학습이나 습관이란 단어에 들어가는 '습(習)'이란 한자는 새가 날개(翼)를 100번 퍼덕여야 습이 된다는 의미입니다. 그러니 하나를 습하기 위해서는 100번의 노력이 필요하단 말이겠죠?

학습 습관을 만들려면 우선 공부하려는 의지를 가져야 합니다. 의지가 있는 사람은 공부할 시간을 내게 되거든요. 공부하는 시간이 많아지면 자신만의 학습 방법이 생긴답니다. 그렇게 생긴 공부 방법을 가지고 공부하게 되면 공부 습관이 형성되는 거예요. 학습 습관이 형성되면 많은 에너지를 쓰지 않아도 책상에 앉아 바로 공부할 수 있게 되지요.

이런 모습을 보면 부모님도 기특하게 여기실 거예요. 그렇게 생각하시는 이유는 여러분이 공부할 의지와 공부에 들이는 시간을 행동으로 보여주기 때문이에요. 그동안 부모님이 여러분을 혼내셨던 것은 여러분이 미워서가 아니라 여러분의 행동이 믿음직스럽지 않았기 때문이지요. 이 모든 것이 여러분의 책임이었음을 이제는 알아야 해요. 여러분의 부모님은 여러분을 가장 사랑하고 언제나 응원의 박수를 칠 준비를 하고 계신 분들이에요. 아직 박수를 못 치셨던 것은 여러분의 모습에서 공부할 의지가 안 보이거나 공부하는 데 충분한 시간을 할애하지 않았기 때문이 아닐까요? 일상의 작은 실천이 모여 위대한 실천이 되고, 위대한 실천은 위대한 사람을 만든답니다. 여러분의 위대한 실천을 위해, 파이팅!

물리적 시간 관리를 하세요

인간은 행복을 위해 살죠? 그런데 인간은 언제 행복을 느낄까요? 시간을 통제함으로써 행복해질 수 있다는 게 답이에요. 시간을 통제하기 위한 한 방안이 '실천할 수 있는 시간 계획'을 갖는 거예요. 우리가 과거에 행복했다고 말할 수 있는 순간이 있다면 그것은 시간을 통제했던 순간이었을 거예요. 미래에 행복하기를 바란다면 실천 가능한 시간 계획을 가져야 해요. 여러분이 행복해지기 위해서는 시간 관리가 먼저 되어야 한답니다.

학습 목표 관리는 결국 시간 관리로 귀결된답니다. 시간 관리란 학습 목표를 시간으로 나누는 거예요. 시간 관리는 즉 목표 관리이기 때문에, 시간 관리가 되어야 내 목표를 이룰 수 있어요. 시간 관리는 자신과의 약속이므로 결국 자신을 '스스로 통제하는 훈련'이 되는 것이지요.

내 꿈을 이루고자 선택을 했다면 꿈을 이루는 데 방해되는 것들은 과감하게 포기해야 에너지를 집중할 수 있어요. 시간은 누구에게나 평등하게 주어지죠. 시간이 없다는 것은 관리 부족인 거예요. 내 시간을 뺏어 가는 시간 도둑을 잡고, 자투리 시간을 활용해 공부할 수 있는 시간을 충분히 만들어야 해요.

시간 계획은 과제 중심으로 하고, 마감 시간도 정해서 하면 훨씬 집중할 수 있어요. 일일 계획은 하루 전에 나와 있어야 하고, 특히 잠들기 전에 다음 날 할 것들을 생각하는 것이 효과적이에요. 다음 계획을 세우기 전에 반드시 이전에 세웠던 계획에 대한 반성의 시간을 갖고 다음 계획에 반영해야 실천력이 높아진다는 걸 명심하세요. 이를 위해서는 내가 사용하는 '시간 사용 설명서'를 작성해야 해요. 학습 일기를 쓰는 것이 도움이 될 거예요. 그래야 낭비되는 시간을 발견할 수 있고 공부하는 데 활용할 수 있거든요.

학습 일기를 쓰세요

학습 일기를 쓰는 목적은 내가 시간을 가치 있는 곳에 쓰고 있나를 검토하는 것이랍니다. 학습 일기를 쓰면서 나의 목표를 이루기 위한 학습이 제대로 되고 있는가를 알 수 있어요.

공부를 잘하는 친구와 못하는 친구의 차이는 자신이 무엇을 알고 있으며 무엇을 모르는지에 대한 인식의 차이예요. 시험 일자가 정해지면 공부를 잘하는 친구들은 제한된 시간에 자신이 모르는 것에 집중하여 공부함으로써 시간을 줄여 그간 배운 내용을 모두 정리할 수 있어요. 그러나 공부를 못하는 친구들은 자신이 아는 것과 모르는 것을 구분하지 못해 시험 공고가 나면 언제나 처음부터 모든 내용을 공부하기 시작하니 시험 볼 때까지 시험 범위를 다 끝내지 못하고 시험을 본다는 데 문제가 있답니다.

학습 일기를 쓰면 내가 아는 것과 모르는 것을 확인할 수 있고, 본인이 시간을 어떻게 써야 할지를 알 수 있어 유용하답니다. 피터 드러커는 "너의 시간을 알라, 측정되지 않은 시간은 관리할 수 없다"고 하였답니다. 학습 일기는 여러분이 사용하는 시간을 측정하고 관리할 수 있게 만드는 여러분의 시간 사용 설명서가 되는 거랍니다.

선생님도 학습 일기를 써보았어요. 공부할 때마다 시간 계획을 세우고 실천한 것을 시간 단위로 색칠해보았답니다. 그랬더니 공부한 시간이 한눈에 들어와 어떤 날은 만족하기도 하고 어떤 날은 반성도 되어 효율적으로 시간 관리를 할 수 있었어요.

계획을 세우기 전에 내가 시간을 어떻게 사용하고 있는지를 아는 것은 매우 중요해요. 왜냐하면 우리는 해야 된다고 마음먹은 과업을 하고 있다고 스스로 속고 있기 때문이지요. 현재 시간을 어디에 주로 쓰고 있는지를 아는 것은 내가 어떤 목표를 향해 가고 있는가를 알 수 있는 나침반 역할을 한답니다. 만약 나의 시간을 체크해서 뚜렷한 목표와 방향성이 드러나지 않는다면 우리는 실패할 목표와 계획을 갖고 행동하고 있다고 보면 맞을 거예요.

『하버드 수재 1600명의 공부법』의 저자는 하버드 수재의 공통점이 '학습 계획'과 '시간 활용'이라 주장하고 있어요. 과거에는 오랜 시간을 투자하면 성공하는 것으로 보아 성공을 '의지의 문제'라고 인식하였어요. 그러나 최근에는 시간을 얼마만큼 효율적으로 활용하느냐 하는 '전략의 문제'로 보고 있답니다. 시간의 전략적 사용에 그 사람의 성패가 달려 있다고 보는 것이죠.

질적인 시간을 창조하세요

여러분이 살 미래 사회에는 광속 시대가 열려 '속도의 경제'가 지배할 것이라고 해요. 과거에는 강자와 약자로 나뉘었으나 미래에는 빠른 자와 느린 자로 나뉜답니다. 시간이란 자원을 창조적으로 활용하는 능력이 성공의 관건이 될 것이라고 하네요.

목표에 도달하기 위해서는 자신의 현재의 시간 관리 방식을 점검하여 낭비 시간을 찾아 관리하는 것뿐 아니라 시간을 창조하는 능력도 발휘해야 합니다. 시간을 창조하기 위해서는 여러분 모두에게 주어진 24시간이라는 똑같은 '양적 시간'을 '질적 시간'으로 바꾸려는 노력이 필요하겠죠?

시간을 바라보는 시각은 두 가지입니다. 단순히 흘러가는 양적인 시간 개념을 '크로노스'라 하고, 구체적인 사건의 순간인 질적인 시간 개념을 '카이로스'라고 한답니다. 양적 시간을 질적 시간의 개념으로 바꾸는 것은 크로노스를 카이로스로 바꾸는 것이겠죠? 이것을 가능하게 해주는 것이 '집중과 몰입'이랍니다. 우리는 공부할 때 집중하고 몰입함으로써 시간을 창조할 수 있으며, 절대적인 시간의 부족을 메울 수 있답니다.

여러분 모두에게 매일 86400원이 주어지고 이것을 하루에 다 쓰지 않으면 나머지 돈을 가져가 버린다고 하면 여러분은 어떻게 하겠어요? 그 돈을 다 쓰지 않고 남에게 줄 건가요? 여러분 모두에게 매일 86400초라는 시간이 주어집니다. 그것을 다 쓰지 않으면 귀한 시간을 버리게 되는 것이지요. 86400초는 여러분의 미래를 위해 투자하는 자금이나 마찬가지랍니다.

모든 사람에게 평등하게 주어진 시간이지만 어떤 친구들은 시간을 활용하여 자신의 목표에 다가가는가 하면 어떤 친구들은 낭비하기도 하죠. 찬란하게 피어날 꿈을 위해 여러분은 집중과 몰입을 통해 질적인 시간을 창조해야 한답니다.

집중력을 높이는 방법은 무엇인가요?

학습 동기를 부여할 수 있는 글귀나 되고 싶은 인물의 사진을 책상 앞에 붙여놓으세요. 좋은 글귀나 위인들 사진에서는 좋은 에너지가 발산되어 여러분의 학습 에너지 충전에 도움이 될 거예요. 여러분이 되고자 하는 모습을 상상해보는 것도 방법이랍니다. 상상에도 에너지가 있거든요.

여러분이 힘들 때 학습 동기를 불러일으켜 줄 멘토를 갖는 것도 좋아요. 멘토 역시 에너지를 주거든요. 책상 위는 언제나 깨끗하게 정리해놓으세요. 정리가 안 된 책상에선 학습에 써야 할 에너지를 책상 위 흐트러진 물건들이 빼앗아 간답니다. 그러니 학습 외에 에너지가 쓰일 것들은 모두 정리하는 것이 좋아요. 예를 들어 컴퓨터, 거울, 핸드폰 등.

공부방의 벽지 색깔은 그린 계열이나 블루 계열이 좋으며, 무늬가 눈을 피로하게 하지 않는 것이 좋답니다. 녹색식물도 마음을 차분하게 가라앉혀주고, 집중력을 높여주는 페퍼민트 향을 피우는 것도 하나의 방법이 되겠죠. 조명은 전체 조명과 간접조명을 함께 사용하세요. 눈의 피로를 줄여주어 눈으로 가는 에너지를 학습에 쓸 수 있답니다. 방의 온도는 20도 내외가 좋으며, 환기를 자주 시켜 산소 공급을 원활히 해주어야 해요. 아침밥은 꼭 먹어야 해요. 집중에는 탄수화물이 필수랍니다.

몰입하려면 어떻게 해야 하나요?

몰입(flow)은 1970년대부터 미하이 칙센트미하이 교수가 연구하면서 알려졌어요. 몰입은 '따분함'과 '불안함' 사이에 존재한답니다. 우리는 너무 쉬운 과제를 접할 때는 따분함을 느끼고, 반면 너무 어려운 과제를 만나면 불안해지죠. 따라서 몰입이 되려면 나에게 너무 어렵지도 너무 쉽지도 않은, 즉 해볼 만한 정도의 난이도를 가진 과제를 목표로 삼는 것이 조건이에요. 문제집도 친구들이 난이도 높은 것을 푼다고 해도 그 문제집을 풀면 안 돼요. 여러분 스스로의 실력에 맞는 문제집을 고르는 것이 몰입을 위해 필요하답니다. 그래야 실력이 향상되며 난이도 있는 문제집도 풀 수 있게 되거든요. 여러분이 게임에 몰입하게 되는 이유도 게임 자체가 난이도를 설정해놓아서예요. 게임은 처음부터 어려운 것을 할 수 없잖아요. 공부도 몰입하려면 여러분 실력보다 약간 쉬운 것부터 시작하세요.

몰입은 구체적인 학습 목표가 있어서 공부할 때 에너지가 적게 드는 상태를 말해요. 몰입 상태에서는 여러분의 에너지를 스스로 통제할 수 있고 학습에 사용되는 필요한 정서를 최상으로 사용할 수 있답니다. 몰입 상태에서 공부하게 되면 짜증이 덜 나는 이유도 바로 정서가 최고의 상태가 되기 때문이죠.

반면 몸이 아프다든지, 시험에 대한 불안감이 있다든지 하는 감정들은 여러분의 에너지를 분산시켜 학습 에너지를 최고로 사용할 수 없는 비효율적 학습 에너지 상태[엔트로피, entrophy]로 만드는 것입니다. 따라서 건강관리나 시험에 대한 불안감을 없애는 것도 몰입을 위한 조건이 되겠죠.

몰입하기 위한 방법으로 '주의 집중 단계'가 필요해요. 공부할 때 주의 집중 단계로 들어가기 위해서는 상당한 에너지를 써야 하는데, 학습 습관을 들여놓으면 최소의 에너지를 사용하여 공부할 수 있게 된답니다. 학습 방법을 아는 것도 마찬가지예요.

공부를 시작하기 위한 노력에 에너지를 낭비하여 정작 공부할 때 쓸 에너지가 다 떨어지거나, 공부 방법을 몰라 당황하는 것처럼 무언가에 감정이 휩쓸리게 되면 여러분의 뇌(대뇌 변연계)는 흥분되고 신경 회로가 각성되어 집중과 몰입이 안 되는 거예요. 반대로 몰입의 상태에서 뇌는 흥분되지 않고 오히려 고요해진다고 해요. 일반적으로 사람들이 생각하는 것처럼 어려운 일을 할 때 뇌(대뇌피질)의 활동이 더 많이 요구될 것이라는 생각과 반대죠. 피로, 시험 불안, 잡생각 등은 뇌의 능률을 떨어뜨리고 필요 없는 대뇌피질 영역들을 각성시켜 공부에의 몰입을 방해하게 됩니다.

몰입하여 공부할 때 오히려 뇌가 최고의 능률을 발휘하고, 어려운 문제를 풀 때조차 에너지가 고갈되는 것이 아니라 마음이 상쾌해지고 새롭게 에너지가 보충되는 것은 이 때문이죠. 이렇게 공부하면 즐겁겠죠? 그래서 몰입하여 공부하면 시간이 가는 줄 모르고(시간 감각의 변화), 행복해지고, 자신감이 생기며, 실력이 향상되어 인류 전체에 공헌할 수 있는 사람이 된답니다. 여러분도 공부할 때 몰입을 통해 최소한의 에너지로 최대의 효과를 보길 바랍니다.

수업 집중도를 올릴 수 있는 방법이 있나요?

학교 공부에서 주로 시간을 할애하는 것이 수업과 시험이지요. 수업 집중도를 높여주면 여러분이 사용하는 시간 활용도를 높일 수 있어요. 어떻게 하면 수업 집중도를 높일 수 있을까요? 눈을 부릅뜨고 선생님만 쳐다본다고 집중이 되나요?

보통 수업을 하게 되면 수업 시작과 마지막에 집중도가 가장 높다고 해요. 이를 '초기 효과' '최후 효과'라 부르죠. 종이 울리고 선생님께 인사하는 순간 자던 친구들도 깨어나잖아요. 문제는 집중이 떨어지는 수업 시간의 집중도를 어떻게 하면 올릴 것인가이지요.

집중도 테스트를 실시한 결과 잘 아는 내용과 모르는 내용 그리고 어렴풋이 아는 내용 중 가장 집중도가 높아지는 것은 어렴풋이 아는 내용이라고 해요. 이 실험은 많은 점을 시사하죠. 선행 학습을 통해 잘 알고 있는 내용이나 학습 준비도가 떨어져 전혀 모르는 내용은 그냥 흘려듣는다는 의미예요. 그러나 의문을 갖고 있거나 한 번 얼핏 본 내용은 궁금하므로 집중하게 된답니다.

그래서 수업 집중도를 올리기 위해서는 '예습'을 해야 해요. 예습은 여러분이 무심코 보낼 수 있는 수업 시간을 나의 시간으로 창조하는 데 효과적인 방법이랍니다. 그러면 예습은 어떻게 해야 할까요? 시간이 없어 걱정인가요? 걱정하지 마세요. 선생님이 말하는 예습은 5분 정도밖에 걸리지 않는답니다. 예습은 안 배운 내용을 철저하게 알아 가는 것이 아니라 '한번 훑어보기(Survey)'를 함으로써 '의문(Question)'을 가지고 수업에 임하는 것이에요. 예습에 할애하는 시간은 과목당 2~5분을 넘지 말아야 해요. 어떻게 한 과목을 5분 안에 훑어보냐고요?

예습할 부분의 제목 부분 즉 주로 크고 굵은 글자를 중심으로 보면 된답니다. 예를 들어 고조선의 문화는 어떠했을까? 왜 이 사진이 나온 걸까? 고조선 시기에 중국에는 어떤 나라들이 있었을까? 등등 답을 내는 것이 아니라 질문을 갖는 것이 예습이에요. 이 질문에 대한 답은 수업 시간에 집중하여 들으면 되는 것이랍니다.

시험을 잘 보기 위한 방법이 있나요?

시험은 수업 시간에 배운 내용을 잘 습득하였나를 알아보는 것입니다. 시험 준비를 하다 보면 항상 시간이 부족함을 느끼죠? 시험을 잘 보기 위해 시간을 창조할 수 있는 방법은 '복습'이랍니다. 어빙 하우스의 기억 망각 곡선을 보면 20분 내에 배운 것의 47퍼센트를 잊는다고 해요. 수업 시간에 배운 것을 잊지 않기 위해서는 수업 후 10분 휴식 시간을 이용하는 것이 효율적이죠. 만약 예습과 복습을 안 하고 집에서 그날 배운 것을 익히려면 배운 시간 이상을 할애해야 하니, 여러분의 일과를 생각할 때 경쟁력 없는 시간 관리가 되겠죠.

복습할 때는 수업 시간에 쓴 노트에 색연필이나 별표 등으로 선생님이 강조하신 중요 부분을 표시해두거나 몇 개의 단어로 요약해두는 것이 시험을 대비해 시간을 창조할 수 있는 방법이랍니다. 이것을 집에 와서 어머니에게 알려드리는 거예요. 말하다 보면 기억이 잘 안 나는 것이 있겠죠? 이것을 중심으로 다시 복습을 하는 겁니다. 이 방법은 어머니에게 가르쳐드리면서 자신이 다시 배우게 되는 learning by teaching을 실천하는 것이에요. learning by teaching이야말로 배운 것을 자신의 것으로 하는 최상의 방법이랍니다.

어머니에게 알려드린 후(어머니가 직업을 가지신 분이라면 집에서 기르는 강아지나 아니면 예쁜 인형을 하나 사서 그 인형에게 그날 학교에서 배운 내용을 말해주세요) 방에 들어가 오늘 배운 부분의 교과서를 읽는 거예요(Read). 중요 부분을 외우면서요(Recite). 그리고 이것을 수시로 반복(Repeat)하면 시험 준비가 되는 것이랍니다. 위에서 말한 Survey, Question, Read, Recite, Repeat를 'SQ3R'이라고 해요. 이 방법은 주로 사회탐구나 과학탐구 영역에 활용도가 높은 공부 방법이랍니다.

컴퓨터 게임과 TV를 안 볼 수 있는
방법이 있나요?

컴퓨터 게임과 TV 시청은 여러분의 공부 시간을 빼앗아 가는 시간 도둑들이죠. TV 시청으로 평균점수가 초등학생의 경우 3점, 중학생은 6.3점, 고등학생의 경우 8~10점 정도 낮게 나오는 것으로 밝혀졌다고 하네요. 이 연구 결과를 보면 사교육으로 성적을 올리는 것보다 TV를 보지 않음으로 성적을 올리는 것이 더 쉬워 보이네요.

1시간 TV를 봤을 때 1시간이 낭비된 것보다 더 문제가 되는 것은, TV를 볼 때 소극적으로 잠자고 있던 두뇌가 갑자기 적극적으로 사고하는 두뇌로 전환하기 힘들다는 데 있답니다. TV를 본 후 공부하거나 책을 보는 것은, 잠자던 사람이 일어나자마자 갑자기 심한 운동을 하는 것과 같은 것이죠. 두뇌가 깨어나야 정신을 집중할 수 있는데, TV를 본 후 공부에 집중하려면 많은 시간이 걸린다는 것이 문제예요.

우리나라 학생들에게 TV 시청보다 더 문제가 되는 것은 컴퓨터 게임인 것 같아요. 게임은 위에서 언급한 것처럼 난이도가 있고 성취했을 때 기쁨을 주기 때문에 중독되기 쉽답니다. 그래서 여러분의 의사와는 달리 안 하고 싶어도 계속하게 되는 것이지요. 그러다 보니 공부할 시간을 많이 뺏기게 되는 거랍니다. TV의 문제는 보고 난 후 잔상이 남는다는 거지만, 게임은 안 하고 있더라도 상상 속에서 게임을 하는 것이 더 문제랍니다. 공부하는 데 집중해야 할 에너지가 게임의 상상에 다 낭비된다는 거죠.

여러분! 생각해보세요. 여러분의 미래를 위해 준비해야 하는 기초 역량과 창의력이 25세에 최고조가 된다고 했죠? 만약 여러분이 중학교 1학년이라고 가정한다면 14세이고, 25세에서 14세를 빼면 11년이 남은 거예요. 11년 가운데 남학생이라면 2년은 군대에 가야 하니 미래를 위한 준비는 9년밖에 남았네요. 9년 가운데 3년은 잠을 자고, 3년은 일상생활을 하고, 딱 3년만이 여러분이 미래를 위해 준비할 수 있는 시간인 거죠. 3년이란 시간은 여러분의 미래를 준비하는 데 그리 긴 시간이 아니라는 걸 잊지 마세요.

여러분이 잘 아는 빌 게이츠(마이크로소프트사 창립자), 스티브 잡스(애플사 창립자), 마크 주커버그(페이스북 창립자)의 공통점은 무엇일까요? 이들은 20대 초반에 사업을 하고 세계 최고 부자가 된 사람들이랍니다. 세 사람이 사업을 하는 분야가 컴퓨터를 활용한 콘텐츠 사업이에요. 이들 모두 초등학교 시절부터 컴퓨터에 관심을 갖고 컴퓨터를 하는 데 많은 시간을 할애한 사람들입니다. 여러분처럼 컴퓨터와 시간을 많이 보낸 거죠. 그런데 그들과 여러분 사이에는 큰 차이가 있답니다.

이들은 컴퓨터를 활용하여 '콘텐츠를 생산'해낸 사람들이고, 게임을 하고 있는 여러분은 게임이란 '콘텐츠를 소비'하고 있는 사람들입니다. 더 이해하기 쉽게, 넥슨과 같은 게임업체의 사장님과 비교해볼까요? 넥슨 사장님도 여러분 나이에 게임을 했겠죠. 그러나 지금은 어떤가요? 최고의 게임 콘텐츠 사업체를 운영하고 있잖아요? 만약 여러분처럼 이분이 게임 콘텐츠를 소비만 했다면 과연 넥슨이란 사업체를 운영할 수 있었을까요?

제가 여러분에게 말하고 싶은 것은 '콘텐츠의 소비자가 되지 말고 콘텐츠의 생산자가 되라'는 것입니다. 그러기 위해서는 지금 여러분이 하고 있는 공부를 열심히 해야 해요. 빌 게이츠는 초등학생 시절 어머니에게 "엄마! 나 이 세상을 그물(net)로 덮어버리고 싶어요"라고 했다죠. 어린 게이츠는 이런 꿈을 품은 후 공부를 열심히 하여 하버드 대학에 합격했잖아요. 그리고 20대 초반에 최대 규모의 마이크로소프트사를 창립했고요.

여러분! 꿈을 이루기 위해서는 어떤 분야든지 10년의 노력이 필요하답니다. 빌 게이츠도 꿈을 가진 지 10년의 노력으로 자신의 꿈을 이루게 된 것이에요. 최근 미국에서는 20대 창업이 아니라 14세 창업이 유행이라고 해요. 14세면 여러분과 같은 또래인데 자신의 꿈을 이루기 위해 창업을 한다는 거예요. 지금 여러분은 어떤 꿈을 꾸고 있나요? 그 꿈을 이루기 위해 어떤 노력을 하고 있나요? 세계에 있는 친구들이 자신들의 꿈을 향해 달려갈 때 여러분은 남들이 만든 게임 콘텐츠에 매달려 부모님께 혼나고, 정작 해야 할 공부는 게을리한 채 건강마저 해치고 있지는 않은가요? 여러분이 만들어갈 꿈이 여러분을 간절히 기다리고 있는 소리가 들리지 않나요?

여러분! 시간은 화살처럼 빨리 달아난답니다. 게임을 하느라 손가락 사이로 모래처럼 빠져나가는 시간들을 주워 담아 여러분의 미래를 위한 소중한 시간으로 만드세요. 여러분의 미래는 여러분만의 미래가 아니라 대한민국, 아니 세계의 미래이기도 하답니다. 그러니 시간을 낭비하는 것은 여러분에게 주어진 자유가 아니라 '죄악'임을 알아야 해요.

강점 지능을 활용한 여가 활동을 하세요

인생에는 세 개의 귀중한 상자(box)가 있다고 합니다. '공부', '일', '여가'의 상자예요. 우리는 이 세 상자의 균형을 잡으며 살아야 합니다. 공부나 일은 에너지가 필요한 것들이기 때문에 열심히 하다 보면 에너지가 빠져나가게 되죠. 이때 에너지를 충전하는 활동이 바로 여가랍니다. 여가란 단순히 아무것도 하지 않으며 보내는 시간이 아니라 여러분의 에너지를 충전하기 위한 시간이지요. 어떻게 여가를 보내야 에너지가 충전될까요? 충전된 에너지를 어떻게 공부하는 데 써야 할까요?

선생님은 여러분이 다중지능검사로 알아낸 강점 지능을 활용하여 여가를 보내기를 바란답니다. 그 이유는, 강점 지능은 여러분이 잘하고 좋아하는 부분이어서 강점 지능을 활용하여 여가 생활을 하게 되면 즐겁고 행복한 에너지를 모을 수 있기 때문이에요.

논리수학 지능이 높은 친구는 레고나 자동차 조립, 언어 지능이 높은 사람은 독서나 글쓰기, 공간 지능이 높은 사람은 풍경화 그리기, 신체 운동 지능이 높은 사람은 자신이 좋아하는 스포츠를 하게 되면 성취감과 자신감이 느껴져 학습에도 도움이 된답니다. 이는 여가 활동을 하면서도 몰입을 경험할 수 있기 때문이에요. 마라톤이나 운동선수들이 경험하는 최절정 경험인 존(zone)을 느낄 수 있고, 이것을 맛본 사람은 공부를 하면서도 이러한 느낌을 느끼고 싶어서 학업에도 집중하거든요.

미래에는 창의적인 인재가 필요한데 창의력은 이질적인 경계들이 만나 부딪힐 때 접점에서 나오는 거랍니다. 그러니 공부와는 다른 영역에서 여가를 즐기면서도 창의력이 발휘될 수 있는 것이죠.

학습 에너지는 깨지기 쉬운 유리그릇 같답니다. 다루기 어렵다는 것이죠. 여러분의 정서(emotion)를 활용하여 학습 에너지의 누수를 막을 수 있답니다. 이것을 '정서 지능 활용 능력'이라고 해요. 정서 지능 활용 능력에는 '융통성 있는 계획 세우기', '창조적 사고', '주의 집중의 전환', '동기화 능력'이 있답니다. 하나하나 살펴보도록 하죠.

융통성 있는 계획 세우기

여러분, 의도했던 계획이 제대로 이루어지지 않으면 기분이 안좋죠? 이런 상태에서 공부가 되나요? 아마 잘 안 될 거예요. 공부하려 해도 에너지가 줄줄 새기 때문에 학습 에너지가 부족하게 되어 공부가 안 되는 것이랍니다. 이처럼 학습 에너지의 누수를 막기 위해 융통성 있는 계획을 세워야 해요.

특히 의지가 약하고 실천력이 떨어지는 친구들은 시간 중심 계획보다는 과제 중심 계획을 세우세요. 과제의 난이도에 따라 소요되는 시간이 다 다르기 때문에 시간 중심 계획을 세우면 실천하기가 힘들기 때문이에요. 이런 친구들은 그날 공부하는 데 걸리는 시간을 기록하는 것이 좋은데, 공부한 시간을 파악하면 각 과제에 대한 집중도를 알 수 있고, 시간이 지나치게 많이 걸렸다면 집중도를 높여 시간을 줄여 나갈 수도 있기 때문이랍니다.

융통성 있는 계획을 세운다는 것은 미래를 예측하면서 계획을 세운다는 것이에요. 계획에 미래에 느끼게 될 감정까지 넣는 것이지요. 즉 계획을 세워 미래에 이루지 못했을 경우 그때의 내 감정까지 예측하여 그때 감정이 안 좋을 것 같으면 더 노력하면서 목표 도달에 근접하는 계획을 세우는 것이랍니다.

계획을 융통성 있게 세워서 계획 실현이 불가능할 경우 계획을 수정하면서 전체 계획이 계속 실행될 수 있도록 중간 중간 빈 시간을 마련해두는 것이 필요해요. 그렇다고 너무 융통성이 많은 엉성한 계획을 세워서는 곤란하겠죠.

창조적 사고

창조적 사고는 지금 해야 할 일의 성격에 따라 자신의 기분을 바꾸는 능력을 말한답니다. 즉 기분이 가라앉아 있을 때 단순 반복적인 일을 하는 것이 아니라 단순 반복적인 일을 하기 위해 기분을 일부러 가라앉히는 것을 말해요. 창조적 사고란 공부를 위해 여러분의 정서를 통제하는 능력이랍니다.

수학 과목처럼 고도의 집중력을 발휘해야 하는 공부를 할 때에는 커튼을 닫아 조용한 상태를 만들고 기분을 가라앉혀 수학 문제를 풀기 위한 최적의 상황을 만드는 것이랍니다. 반대로 창의적 사고가 필요한 과제를 위해서는 신나는 음악을 들으며 분위기를 밝게 만드는 것이지요.

주의 집중의 전환

주의 집중의 전환은 해야 할 것이 많고 시간이 한정돼 있을 때 내가 가장 우선시하고 중요시하는 과업으로 주의를 집중시키는 능력을 말한답니다. 얼마 안 있어 시험이고, 친구는 만나자고 하고, 게임도 하고 싶은 상황이 있을 수 있지요? 이런 경우 학습을 위한 에너지의 누수를 막기 위해서 지금 나에게 무엇이 가장 필요하고 중요한가를 생각해 그 일을 중심으로 주의를 집중시키는 능력이에요. 이럴 경우 당연히 시험공부를 해야 학습 에너지가 누수되지 않겠죠? 그런데 생각을 잘못하여 게임을 한다거나 친구를 만나고 들어와 피곤하다면 공부를 하기 위한 학습 에너지가 모이지 않아 공부에 집중할 수 없고, 이런 경우 학습 에너지에 누수가 생겼다고 말할 수 있어요.

여러분에게는 학습 외에 많은 유혹이 있을 거예요. 학습 에너지의 누수를 막기 위해서는 이러한 유혹을 물리쳐야 해요. 또 하나 여러분의 학습 에너지를 누수시키는 것에는 어머니의 잔소리나 꾸짖음도 해당될 거예요. 어머니에게 혼나면 공부할 마음이 생기지 않잖아요. 그럴 때 속상해서 울기도 하고 아마 잠도 자겠죠. 이런 행동들은 학습 에너지를 모아 다시 공부해보려는 여러분의 눈물겨운 노력이랍니다. 이런 일들을 미리 방지하기 위해서는 어머니에게 여러분의 감정이나 상태에 대해 말씀드리는 것이 필요해요. 부모님도 여러분이 공부를 열심히 하기를 원하시니까 이해해주실 거랍니다.

동기화 ─ 낙관성, 만족 지연 능력, 집중력

동기화 능력이란 여러분이 좌절이나 난관을 이겨내고 다시 공부를 시작하도록 하는 능력이랍니다. 동기화 능력에는 낙관성, 만족 지연 능력, 집중력이 있어요.

낙관성

셀리그만 교수는 '낙관성'에 대한 연구를 평생 동안 한 학자예요. 1988년 서울 올림픽에서 7관왕을 기대했던 매트 비욘디 선수가 예선에서 두 번이나 탈락하자 사람들이 실망하여 나머지 5개의 메달도 못 딸 것이라고 예상했어요. 그러나 셀리그만 교수는 비욘디가 5개의 메달을 딸 것이라고 예측했대요. 셀리그만 교수의 낙관성 검사에서 비욘디 선수가 가장 높은 점수를 받았기 때문에, 그가 두 번의 실패를 극복하고 나머지 메달을 따리라 예상했던 것이죠. 결국 비욘디 선수는 5관왕이 되었다는군요. 이처럼 낙관성은 아무리 힘든 좌절이나 실패에 처해도 극복할 수 있는 힘이라 할 수 있어요.

여러분도 시험을 잘못 봤다고 낙담하면 다음 시험도 잘 볼 수 없답니다. 비욘디 선수처럼 낙관성을 가지고 다음 시험에 임하면 마지막 시험까지 잘 볼 수 있을 거예요.

만족 지연 능력

만족 지연 능력은 하고 싶은 대로 행동하는 것이 아니라 생각을 가다듬고 일시적인 정서 충동을 극복할 수 있는 능력을 말해요. '마시멜로 실험'이란 유명한 실험이 있어요. 4세 아동들에게 아이들이 가장 좋아하는 마시멜로 한 봉지를 주고, 10분 동안 먹지 않고 참으면 두 봉지를 준다고 하였어요. 아이들이 너무 좋아하는 간식이어서 대부분의 아이들이 10분을 채 넘기기 전에 먹었다고 해요. 그런데 몇몇 아이들은 10분을 참고 마시멜로 두 봉지를 받았답니다.

이 두 그룹의 아이들을 20년간 추적 연구했는데, 참았던 아이들의 SAT(미국 대학 입학 시험) 점수가 참지 못했던 아이들보다 210점 높았고 대인 관계가 좋았으며, 학습 동기 유발이 우수해 교사와 학부모로부터 긍정적인 평가를 받으며 자신 있게 생활했다고 하네요.

이 실험을 보면서 만족 지연 능력이 여러분의 인생에 얼마나 중요한가를 느꼈을 거예요. 만족 지연 능력은 더 중요한 것을 위해 지금의 욕구를 참는 능력이랍니다.

집중력

집중력이 부족하면 뇌의 여러 영역들이 각성되어 과제 수행을 효과적으로 할 수 없답니다. 공부를 못하는 친구들은 대개 관심 영역이 학업보다는 다른 데 분산되어 뇌가 흥분 상태에 있어서 공부하는 데 집중력이 떨어지는 거예요. 시험 불안이 있는 친구들은 공부 자체에 집중하는 것이 아니라 시험에 대한 걱정이나 고민, 불안에 집중함으로써 학습에 필요한 에너지가 누수되어 시험공부를 열심히 할 수 없는 거랍니다. 시험에 대한 두려움을 없애는 것이 시험을 잘 보기 위해 중요한 이유는 정서 뇌(두려움)가 사고 뇌(시험을 준비하는 데 사용되는 뇌)를 지배하기 때문이에요. 두려움은 준비성 부족에서 오기 때문에 오히려 공부를 열심히 하는 것이 시험으로 인한 두려움을 막는 방법이랍니다. 그러니 시험에 대한 불안을 없애기 위해서는 더 열심히 준비하고 평소에 공부해두는 습관이 필요하겠죠.

집중력이 떨어지는 친구는 자신이 좋아하는 분야에 집중함으로써 집중력을 키워 그 집중력을 공부하는 데 사용해야 해요. 집중해본 경험이 없으면 공부에 집중하기도 어렵기 때문이에요. 집중할 때 몰입이 되고, 몰입 상태일 때 여러분이 가진 능력과 재능이 최고로 발휘된답니다.

이성 친구를 못 만나게 하시는데 어쩌죠?

⌄

청소년 시기에 이성에 대해 관심을 갖는 것은 당연한 거지요. 아마 부모님도 그렇게 생각하고 계실 거예요. 그런데 부모님이 이성 교제를 반대하시는 이유를 생각해 보았나요? 아마 여러분이 공부하는 데 필요한 학습 에너지가 이성 친구에 의해 누수될 것을 염려하시는 걸 거예요.

여러분이 이성 친구와 계속 사귀고 싶다면 부모님이 이러한 생각을 바꾸실 수 있도록 행동으로 보여주셔야 해요. 당연히 공부를 열심히 하여 성과로 보여드리야겠죠.

친구들과 공부하고 싶은데
엄마를 설득할 방법이 있나요?

⌄

친구들과 공부하는 것을 허락하지 않으시는 이유도 앞의 경우와 마찬가지일 거예요. 다중 지능 이론으로 보면 대인 지능이 높은 친구들은 혼자 공부하는 것보다는 친구들과 서로 물어보며 하는 것이 더 효과적일 수 있어요. 이 점을 부모님께

알려드리는 것도 필요하리라 생각해요. 그러나 부모님을 이해
시키기에 앞서 여러분이 행동으로 보여드리는 것이 더 필요
할 거예요.

stepping stone
VII

가치관과 주도성이
제일 중요해요

인생에서 질문하는 일은 매우 중요합니다.
그 질문들이 모여 여러분 인생을 느낌표로 만드니까요.

여러분! 이제까지는 진로를 위해 나를 알고, 선택한 진로를 개발할 수 있는 방법에 대해 알아본 거랍니다. 진로 목표에 도달하는 항해 방법에 대해 설명한 것이라 할 수 있죠. 바다에 나가 열심히 노를 젓는다고 누구나 목표 지점에 도달하는 것은 아니에요. 목표 지점에 정확하게 도달하기 위해서는 방향을 알려주는 '나침반'이 필요하답니다. 이번 장에서는 여러분이 항해를 성공적으로 마칠 수 있도록 나침반 역할을 하는 '가치관과 주도성'에 대해 알아보도록 하죠.

여러분은 왜 이 세상에 태어나서 인생이란 항해를 하기 시작했을까요? 단지 부모님의 자녀로 태어났으니 부모님이 시키시는 대로 공부하고 부모님이 원하시는 대학에 가려고 노력하고 있나요? 직업도 그런가요?

여러분은 그 누가 여러분에게 시켜서도 안 되고, 누가 시킨다고 시키는 대로 해서도 안 되는 소중하고 독립적인 한 사람

한 사람이랍니다. 여러분이 이 세상에 태어난 것도 다 이유가 있어서예요. 이 세상에 태어난 이상 여러분이 이루고 가야 하는 것이 있다는 거죠. 그것을 여러분 스스로 알아내어 열심히 살다가 후회 없이 가는 것, 그것이 '인생'입니다.

이제까지 어떤 학과, 무슨 대학에 갈까? 나에게는 어떤 직업이 맞을까? 고민하고 해결하기 위해 이 책을 읽기 시작했을 거예요. 여러분! '무엇을 할까(to do)보다는 어떤 사람이 될 것인가(to be)'를 먼저 고민해야 해요. 무엇을 하다 죽을까가 아닌 어떤 삶을 살다 갈 것인가가 더 중요한 거랍니다.

이러한 고민을 하다 보면 나는 어디를 향해 살아야 하나가 결정되는데, 이것이 인생관이랍니다. 내가 추구하는 인생의 방향에서 어떤 것에 가치를 두고 살까를 결정하는 것이 가치관이죠. 추구하는 인생의 방향과 자신이 추구하는 가치에 부합하는 직업을 고르는 것이 직업관이고, 이 모든 것과 일치하는 교육을 받는 것이 교육관이 되는 거예요. 이처럼 여러분 인생의 항해에서 해야 하는 가장 중요한 선택은 여러분 스스로 해야 하며 이 것을 '주도성'이라고 하죠. 무턱대고 달리기보다는 정확한 방향을 향해 자신의 의지로 달리는 것이 중요하겠죠? 이제 가치관과 주도성에 대해 알아보아요.

의식 수준 높은 사람이 성공해요

나는 어디를 향해 살아야 하나가 곧 인생관입니다. 『의식 혁명』을 쓴 데이비드 호킨스 박사는 우리 인간이 걸어가는 방향을 '의식 수준'이란 개념을 사용하여 크게 '의식 수준이 높은 방향과 낮은 방향'의 두 가지로 설명하고 있답니다.

'의식 수준'이 무엇인지부터 알아볼까요?

우리 모두는 저마다의 의식 수준을 가지고 태어난다고 해요. 우리가 살아가야 하는 이유도 이 의식 수준을 높이기 위해서라고 하네요. 호킨스 박사는 이해하기 쉽게 의식 수준을 수치화하여 20에서 1000까지 각 수준의 특성을 설명해주고 있어요.

호킨스 박사에 의하면 200(용기의 수준)을 분기점으로 의식이 낮은 사람과 높은 사람을 나눌 수 있다고 해요. 전 세계인

수치	키워드	수치	키워드
20	수치심	250	중용
30	죄의식	310	자발성
50	무기력	350	포용
75	슬픔	400	이성
100	두려움	500	사랑
125	욕망	540	기쁨
150	분노	600	평화
175	자존심	700-1000	깨달음
200	용기		

중 200 이하의 의식 수준을 가진 사람이 80퍼센트 정도에 달하고, 200 수준 이상인 사람은 20퍼센트에 불과하다고 합니다. 의식 수준이 높은 사람이 그만큼 드물다는 말이죠. 참 이상하지 않나요? 의식 수준을 1000까지 보았으면 나눌 수 있는 기준을 500으로 해야 하는데 200으로 나눈 것이.

호킨스 박사는 그 이유가 200 이하의 의식 수준을 가진 사람과 200 이상의 의식 수준을 가진 사람들의 차이가 확연히 드러나기 때문이라고 해요. 무슨 차이가 있는 걸까요? 200을 분기점으로 긍정과 부정, 내면의 잠재력·추구과 외부의 물질 추구, 에너지 환원과 에너지 흡수와 같은 매우 구분되는 특성들로 나뉘기 때문에 200을 의식의 분기점으로 잡았다고 하네요.

예를 들면 200 이하의 사람들은 부정적인 생각에 사로잡혀 부정적인 인생을 살게 되고, 200 이상의 사람들은 긍정적인 생각을 하기 때문에 긍정적인 인생을 살게 된다는 것이지요. 200 이하의 사람들은 자신의 내면보다는 외적인 것 즉 돈, 명예, 사회적 지위 등을 추구하고, 이러한 외적인 것들이 자신인 양 착각하고 산다는 거예요. 반면에 200 이상의 사람들은 내면의 잠재력을 믿고 느끼며 자신이 가진 잠재력을 발휘하는 삶을 살기 때문에 성장할 기회를 갖고 행복해질 수 있다고 해요.

200 이상이나 이하의 의식 수준을 가지고 있는 사람 모두 에너지를 갖고 있어요. 그런데 200 이상의 사람들은 자신이 흡수하는 에너지를 사회에 환원하지만, 200 이하의 사람들은 흡수한 에너지를 사회에 환원하지 않고 자신만을 위해 사용한다고 해요. 여러분처럼 학생일 경우 200 이하의 친구들은 자신의 출세, 잘살고 싶은 욕망을 위해 공부를 하고, 200 이상의 친구들은 같은 공부를 하더라도 친구에게 가르쳐주고 사회에 기여하고 싶어 공부를 하며, 더 큰 꿈을 가진 친구들은 인류의 평화를 위해 공부하는 모습을 보이죠. 그래서 200 이상의 사람들을 만나면 그들의 에너지를 받아 충만하고 기쁘지만, 200 이하의 사람들을 만나면 피곤하고, 다시는 만나고 싶지 않은 느낌이 드는 거예요.

양쪽 다 에너지를 가지고 있어 힘을 발휘하며 다른 사람들에게 영향력을 미치지요. 200 이상의 힘은 파워(power)라 하고,

200 이하의 힘은 포스(force)라고 한답니다. 파워는 그 사람이 갖고 있는 잠재력이 '저절로 나오는 힘'이어서 부드럽고 유연하여 사람을 해치지 않는 데 반해, 포스는 '억지의 힘'이어서 강하고 다른 사람에게만 해를 끼치는 것이 아니라 그 힘을 쓰는 사람도 부러지고 쓰러지기 쉬운 거랍니다. 그래서 200 이하의 개인이나 사회는 파괴적인 삶을, 200 이상의 개인이나 사회는 서로 협력하고 성장하는 건설적인 삶을 살게 되는 거예요.

지금 여러분의 에너지는 파워인가요, 포스인가요? 친구를 돕는 에너지인가요? 친구와 경쟁하고 대립하며 친구는 물론이고 자신마저도 해치는 에너지인가요? 그러나 지금 나의 수준이 어디에 해당되는가는 중요치 않답니다. 사람은 변하니까요. 사람은 저마다 의식 수준이 다르지만 의식 수준의 향상 속도도 다르기 때문에 누가 더 빨리 의식 수준을 향상시킬지는 아무도 모른답니다. 그러니 여러분이 인생을 살면서 의식 수준의 향상을 목표로 하여 겸손한 마음가짐을 지니고 성장하려는 노력을 기울이는 것이 더 중요하다 할 수 있겠죠.

가장 중요한 것은, 일생을 살면서 의식 수준 향상을 목표로 살아야겠다고 인생의 방향을 트는 그 순간 숨을 죽이고 기다리고 있던 우주(신, 인생의 힘)가 여러분을 도와준다고 하네요. 이 우주가 여러분을 도울 때 여러분은 능력 이상의 힘으로 무언가를 이룰 수 있답니다. 나만을 위한 공부보다는 모두를 위한 공부를 할 때 더 힘이 나는 것과 같은 이치죠. 여러분은 어느 방향을 향해 인생을 살아갈 건가요? 그것을 정하는 것이 인생관이고 가치관이랍니다.

한 늙은 인디언 추장이 자기 손자에게 자신의 내면에 일어나고 있는 큰 싸움에 관하여 이야기하고 있었어요. 추장은 이러한 싸움이 나이 어린 손자의 마음속에도 일어나고 있다고 설명하면서, 궁금해하는 손자에게 말합니다.

"얘야, 우리 모두의 마음속엔 숱한 싸움이 일어나고 있단다. 두 늑대 간의 싸움이란다. 한 마리는 악한 늑대로 그놈이 가진 것은 화, 질투, 슬픔, 후회, 탐욕, 거만, 자기 동정, 죄의식, 회한, 열등감, 거짓, 자만심, 우월감, 그리고 이기심이란다.

다른 한 마리는 좋은 늑대인데 그 늑대가 가진 것은 기쁨, 평안, 사랑, 소망, 인내심, 평온함, 겸손, 친절, 동정심, 아량, 진실, 그리고 믿음이란다."

손자가 추장 할아버지에게 물었어요.

"그럼 어떤 늑대가 이기나요?"

추장은 간단하게 대답했죠.

"그거야 내가 먹이를 주는 놈이 이기지."

여러분은 어떤 늑대에게 먹이를 주고 싶은가요? 결국 여러분에게 달려 있답니다.

의식 수준을 높이기 위해
가장 필요한 것은 뭘까요?

⌄

의식 수준을 높이기 위해 가장 필요한 것은 '고통, 실패, 역경, 우리가 피하고 싶은 것'들이랍니다. 이런 것들을 어른들은 내가 평생 짊어지고 가야 할 '내 인생의 십자가'라고 표현하죠. 여러분도 이런 인생의 십자가를 가지고 있나요? 그것 때문에 주저 앉고 싶고, 피하고 싶고, 심지어 삶을 포기하고 싶다는 생각도 드나요?

소크라테스는 "인생은 학교다"라는 말을 했어요. 학교가 무엇인가요? 여러분의 부모님은 여러분이 학교에 갈 때 뭐라고 하시죠? "학교에 가서 선생님 말씀 잘 듣고 많이 배우고 와라"라고 하지 않으시나요?

학교는 배우는 곳이므로, 배울 내용을 적어놓은 교과서가 있고 이것을 효과적으로 잘 가르치려 하는 선생님이 계시답니다. 인생이란 학교도 마찬가지지요. 인생이란 학교에서 가장 중요한 과목은 '고통을 통한 깨달음'이라는 교과랍니다. 이것을 잘 가르치기 위해 스승과 교과서가 존재하는 것이죠. 인생의 가장 큰 공부는 고통이고, 위대한 스승은 지금 나에게 고통을 주는 사람이고, 가장 좋은 교과서는 고통을 주는 문제겠지요. 이 모든 고통의 의미를 제대로 깨달을 때 바로 의식 수준이 높아지는 것입니다.

고통이 없어 보이는 친구들이 부러운가요? '고통 총량의 법칙'이 있답니다. 이 법칙은 인생을 살아가면서 누구나 겪는 고통의 양은 똑같다는 거예요. 지금 당장 고통이 없어 보이는 친구가 부러울지 모르지만, 언젠가 친구들의 인생에도 겪고 넘어가야 하는 고통이 반드시 존재한답니다.

그러니 고통은 여러분뿐 아니라 우리 모두의 인생에 이 '우주가 주는 선물'이 되는 거죠. 여러분, 선물을 받아본 경험이 있죠? 누군가에게 선물을 받았을 때 어떻게 하나요? 선물을 받고 감사를 표한 후 포장지를 뜯어 내용물을 보죠. 그런 다음 선물을 준 사람의 마음을 읽어내고 감사해하고 행복해하지요. 나에게 꼭 필요한 선물이었다는 말과 함께요.

그런데 여러분! 이 우주는 또는 신은 여러분에게 선물을 줄 때 '고통'이란 포장지에 싸서 준답니다. 그래서 어떤 친구는 고통이란 포장지만 보고도 놀라 "이거 내 것이 아니거든요" 하면서 선물을 저만치 밀어두고 거부하면서 계속 괴로워하죠. 그러나 어떤 사람은 용기를 내어 선물을 받아 포장지를 뜯고, 왜 이 선물을 나에게 바로 이 순간에 주었을까를 생각해보면서 선물을 준 누군가의 마음을 읽어낸답니다. 여러분에게 선물을 준 누군가의 의도는, 이 선물(고통)을 통해 너의 인생을 한 단계 업그

레이드(의식 수준의 향상)해보라는 것입니다. 그 뜻을 알아차리는 사람만이 의식의 성장을 통해 더 높은 수준으로 나아가게 되지요. 이때 선물을 받아들이는 '용기'가 의식 수준 200 즉 의식의 분기점이 되는 것이죠. 용기를 낸 사람만이 더 높은 의식 성장의 길을 걸을 수 있는 거랍니다.

고통은 여러분을 힘들게 하기 위해 주어지는 것이 아니라 인생을 살아가기 위한 실력을 쌓아주기 위해 이 우주가 내는 어려운 문제랍니다. 수학 문제를 풀 때 쉬운 문제만 풀면 실력이 쌓이던가요? 여러분이 경험했던 것처럼 풀기 어려운 문제를 고민 고민하다 풀었을 때 비로소 실력이 향상되잖아요. 그것과 같은 이치랍니다.

진정한 실패란 한 번의 시도에서 성공하지 못하는 것이 아니라 그것을 끝까지 해보기를 포기하는 것이랍니다. 스스로를 변화시켜 나가는 길에 많은 장애물이 있지만 그중 가장 큰 장애는 바로 포기하고 싶은 자신이라는 것을 잊지 마세요. 인생의 위기는 기회가 되니까요. '학생부군신위(學生府君神位)'라는 말을 들어봤나요? 제사상에 올리는 글이랍니다. 이 말은 제사를 모시는 어른이 '학생의 신분으로 많이 배우고 가셨다'라는 칭송의 말이랍니다. 우리도 이 세상에 학생의 신분으로 왔으니 많은 것을 제대로 배우고 가야겠죠?

도덕이 경쟁력이에요

도덕은 어떻게 해야 길러질까요? 중국 사서(四書)의 하나인 『대학(大學)』이란 책에 그 답이 나와 있답니다. 이 책에는 학문하는 사람의 자세를 8조목으로 설명하고 있어요. '격물치지 성의정심 수신제가 치국평천하(格物致知 誠意正心 修身齊家 治國平天下)'가 그것인데요, 여러분도 '수신제가 치국평천하'라는 말은 많이 들어봤을 거예요.

'격물치지'는 사물 현상에 대해 깊이 연구하여 지식을 넓히는 것을 의미해요. 여러분이 배우는 각 교과목은 보이지 않는 진리를 담고 있어 공부를 제대로 하면 '보이지 않는 진리를 볼 수 있는 눈(안목, 통찰력)'을 갖게 되는 것이죠. 격물치지는 '지식 교육'을 의미해요. 여러분이 지금 학교에서 하고 있는 공부가 바로 격물치지 즉 지식 교육이랍니다.

지식 교육이 잘된 사람은 그 다음 단계인 '성의정심'으로 가게 되어, 뜻이 정성스럽게 되고 마음이 바르게 되어 도덕적 판단력이 생겨 '수신제가' 즉 자신과 가정을 다스릴 수 있는 역량이 생기게 되는 것이죠. '성의정심 수신제가'는 '인성 교육'을 의미한답니다.

눈앞에 펼쳐진 사다리 중 꿈의 사다리는 무엇인가요?
어느 사다리를 선택할 것인가는 여러분의 가치관에 따라 결정된답니다.

『대학』에서 말하고자 하는 것은, 지식 교육이 제대로 되어야 인성 교육이 되니, 도덕적인 사람이 되기 위해 각 교과목 공부를 제대로 하는 것이 학문하는 사람의 자세라는 것입니다. 그러니 지식 교육과 인성은 별개의 문제가 아니라 하나라는 거죠.

사회에서 나타나는 문제들을 두고 인성 교육이 안 된 것이 문제라고 말하는 것은 잘못된 것이며, 오히려 인성 교육의 뿌리인 지식 교육이 문제인 거랍니다. 다는 아니지만 배운 사람은 인성이 갖추어진답니다. 공부가 주는 힘이겠죠. 공부는 많이 했지만 인성이 갖추어지지 않은 박사의 경우 타이틀은 땄을지언정 지식 교육이 제대로 안 된 경우라 할 수 있죠.

제대로 된 교육을 통해 각 교과마다 높은 안목이 생기면 고귀한 행동을 선택할 수 있는 판단력이 생기게 되는데 그것이 바로 '도덕'이랍니다. 도덕이 갖추어지면 위에서 말한 의식 수준이 향상되는 것이죠. 도덕이 갖추어진 사람이라야 '치국'과 '평천하'를 할 수 있는 '진정한 리더'가 되는 것이랍니다.

지금 여러분이 학교에서 하고 있는 공부가 얼마나 중요한지 아시겠죠? 그런데 여러분, 의문이 생기실 거예요. 한국은 학생들이 공부를 많이 하고 부모의 교육열이 세계 최고라고 하는데 왜 이토록 많은 사회문제들이 발생하는 것일까요?

그 이유는 '격물치지' 즉 학교 공부의 목적을 사람을 바르게 만들고 도덕적인 사람을 기르는 데 두지 않고, 대학이나 지위,

명예를 갖기 위한 출세의 수단으로 이용하고 있다는 데 있어요. '격물치지'에서 '성의정심 수신제가'로 가야 하는데 바로 '치국평천하'로 가려 하는 것이죠. 스스로 도덕적 인간이 되지 않았으면서 남을 다스리려 하는 거예요. 이렇게 공부를 출세를 위한 수단으로 사용하면 아무리 실력을 갖춘다 하더라도 경쟁력이 없답니다.

예를 들어볼까요? 여러분, 컴퓨터를 하다 댓글을 다는 경우가 있죠? 선플을 다나요, 악플을 다나요? 그 모든 행위가 기록되고 있다는 것을 아시나요? 스마트 기기 덕분이죠. 여러분, 청문회 같은 것을 보면 실력을 갖춘 우수한 인재라고 하는 사람들도 예전에 한 잘못들로 인해 높은 자리에서 물러나는 것을 보았을 거예요. 그 사람들도 무심코 한 과거의 행동들이 자신의 미래에 발목을 잡으리라는 것은 꿈에도 몰랐을 거예요. 여러분은 모두 미래에 훌륭한 인재가 되고 싶을 거예요. 지금 여러분이 무심코 다는 댓글이 여러분 미래에 발목을 잡을지도 모른다는 사실을 아셔야 해요.

스마트 기기가 나오기 전에도 모든 것이 기록되고 있었답니다. 그래서 선한 사람은 잘되고 악한 사람은 결국 잘못되게 되어 있는 것이지요. 이것이 우주의 이치랍니다. 이 우주에는 사람들의 행동이 기록된 의식의 데이터베이스 도서관이 있다고해요. 그러니 악플을 달아 다른 사람의 마음에 상처를 주면 안 되겠죠?

이 우주는 잊는다는 것을 모른다고 해요. 우리의 모든 생각, 언어, 행동이 모두 이 우주 어디쯤엔가 기록되어 지울 수 없는 흔적을 남기고 있으니 우리가 한 행동에 책임을 져야 하고, 남들에게 준 모든 고통과 아픔은 우리에게로 고스란히 되돌아온다는 것을 깨달아야 해요. 우리가 하는 모든 행동은 이 우주에 영원히 모자이크로 남아 모든 생명에 영향을 미치니까요. 여러분이 만든 모든 기록은 결국 여러분 자신에게 돌아온다는 것을 기억하세요.

격물(格物) - 사물의 현상을 연구, 탐구하는 가장 기초적인 단계. 빛과 그림자, 계절 현상, 중력과 같은 현상에 대해 왜 이런 현상이 일어나는가를 탐구하면 원리를 알게 되고, 통찰력과 안목이 생기게 된디.

치지(致知) - 앎에 이르는 것. 안목을 가지는 순간 치지하게 된다. 각 과목마다 현상에 대해 탐구하여 안목을 갖는다는 것은 그 과목에 대해 원리를 꿰뚫어 볼 수 있다는 것이다.

성의(誠意) - 우리의 뜻이 정성스러워지는 것

정심(正心) - 마음이 바르게 되는 것

수신(修身) - 몸가짐이 바르게 되는 것

제가(濟家) - 자기 집안을 잘 다스리게 되는 것

치국(治國) - 사회에서 리더로 역할을 하는 것

평천하(平天下) - 세계의 평화에 이바지하는 것

★ 각 나라에서 공부를 뜻하는 용어

중국 - 염서(念書)

일본 - 면강(勉強: 하기 싫은데 해야 하는 것)

한국 - 공부(工夫, self-discipline: 수련을 거듭하여 자아실현에 이르는 것)

어떻게 하면 돈을 많이 벌 수 있을까요?

잘 사는 것을 어떻게 생각하느냐에 따라 잘 사는 것을 돈을 많이 버는 것으로 생각할 수도 있답니다. 어떤 사람은 돈을 많이 버는 것이 아니라 자신의 잠재력을 발휘하는 삶을 잘 사는 삶이라고 생각할 수도 있죠. 이처럼 잘 사는 것의 기준을 어디에 두는가가 가치관입니다.

잘 살기 위해 교육을 받고 좋은 대학에 들어가 좋은 직업을 가지려 한다면 교육을 수단으로 생각하는 거예요. 그러나 교육을 받아 '좋은 나'가 되기를 원한다면 그것은 교육 그 자체를 목적으로 생각하는 것이지요. 여러분은 잘 사는 것이 어떤 삶이라고 생각하시나요? 교육을 수단으로 생각하시나요, 아니면 목적 그 자체로 생각하시나요?

돈을 많이 버는 것은 나쁜 일이 아닙니다. 비난받아야 할 것도 아닙니다. 그러나 그 돈을 어떻게 쓰느냐에 따라 그 사람이 비난받을 수도 칭송을 받을 수도 있는 것이지요. 그러니 돈은 버는 것보다 어떻게 쓰는가가 더 중요하답니다. 돈은 자신의 타고난 강점을 발휘하며 정직하게 벌어야 해요. 돈에도 의식이 있어 정직하지 않으면 언젠가는 그 사람을 떠나게 되거든요. 돈을 많이 벌기에 앞서 돈의 의미를 생각해보고 돈에 대한 기준을 가져야 합니다. 이것이 돈에 대한 철학이 되는 것이지요. 철학이 없는 돈은 봄날의 아지랑이와 같아서 잡으러 해도 잡을 수 없답니다.

돈을 버는 데 집중하기보다 돈을 어떻게 많은 사람들을 위해 잘 쓸 수 있을까를 생각해보면 오히려 돈을 더 많이 벌 수 있을 거예요. 이것이 우주의 이치예요. 이런 마음이 있을 때 우주가 도와주는 거예요. 투명하고 깨끗한 마음을 갖는 것도 여러분이 돈을 많이 벌 수 있게 하는 하나의 방법이랍니다.

당장 돈을 벌고 싶은데
부모님이 허락을 안 하세요

∨

여러분 중에도 당장 돈을 벌고 싶은 학생이 있을 거예요. 이 경우 택할 수 있는 직업은 대개 비정규직이에요. 선생님은 학교에서 진로교육 프로그램을 하면서 이런 학생들을 볼 기회가 많았어요. 돈을 벌면서 학교에 다니는 학생들이 공부만 하는 학생보다 자신이 우월하다고 생각하는 것을 봤어요. 그 학생들이, 친구들은 돈을 못 버는데 자신들은 돈을 이만큼 번다고 말하는 거예요. 물론 대견한 학생도 있죠. 그런데 이 학생들이 일하고 있는 비정규직에는 문제가 있어요. 주로 시간당 수당(시급)을 받고, 시간이 흘러도 시급이 오르지 않는다는 것이지요. 어려울 때 도움을 받을 수 있는 보험도 들 수 없어요.

지금 당장은 친구들이 학생으로서 받는 용돈보다 많이 버는 것 같지만, 나이가 들어도 지금의 시급에서 벗어나지 못한다는 거예요. 앞으로 결혼도 해야 하고 아이도 낳아야 하고 집도 있어야 하는데, 지금의 시급으로는 가능하지 않은 게 현실이죠. 형편이 너무 어려우면 당장 벌어야 하겠지만 꿈마저 포기하면 안 돼요. 여러분이 돈을 벌어야 하는 다급한 환경이 아니라면 지금 학업에 충실하면서 미래에 대한 투자를 하는 것이 더 효율적임을 반드시 알아주었으면 해요.

　가난했던 탓에 중학교 때부터 신문 배달, 주유소 아르바이트, 막노동, 전단지 돌리기, 피자 가게 아르바이트, 공장 생활을 전전했던 김태광이란 학생은 대학을 졸업한 뒤 수백 군데의 회사에 지원했다가 탈락한 뒤 심한 좌절에 빠졌다고 해요. 그러던 어느 날 문득 자신의 마음속에 '나는 안 돼'라는 부정적인 생각이 가득 차 있다는 것을 깨달았답니다. 그때부터 성공한 대가들의 저서를 손에 잡히는 대로 읽으며 긍정적인 사고로 전환하고자 노력했대요. 그때 읽었던 3000권이 넘는 책은 그를 작가로 거듭나게 했다는군요. 글을 쓴 지 10년 만에 초등학교 4학년 도덕 교과서에 글이 수록되었고, 2011년에는 경기도교육청에서 추천하는 '청소년에게 영향력 있는 작가'에 선정되었으며, 35세에 저서 100권을 집필한 공적을 인정받아 '제1회 대한민국 기록 문화 대상' 개인 부문을 수상하고 한국기록원(KRI)으로부터 인증서를 받아 『기네스북』에 등재되었답니다.

　"세상에서 가장 값진 투자는 '나' 자신에 대한 투자다. 다른 재산은 잃어버릴 수 있지만 '나'라는 재산은 그 누구도 훔치지 못한다. 무엇보다 나 자신에게 투자할 때 인생을 가치 있고 풍요롭게 보낼 수 있다"고 한 말은 여러분이 새겨들어야 할 매우 의미심장한 충고가 아닐까요? 학생 시절 가장 좋은 투자는 여러분 자신에 대한 투자라는 것을 잊지 마세요.

친구와의 경쟁이 괴로워요

봄이 왔다고 세상 사람들이 호들갑을 떨어도 마당의 꽃들은 자기 안의 속도대로 피고 졌다. 그들이 누가 누구를 시기하고 손가락질하겠는가. 종종 한겨울에도 개나리가 피었다 얼어 죽고, 여름 풀밭 한가운데서 서둘러 코스모스가 저 홀로 피어도 결코 철모르는 짓이 아니다. 꽃과 나무들에게 인간이 정한 제철 따위는 의미가 없다. 꽃이 열리는 발화점은 오직 생명체의 자기 시계가 결정한다.

-김선미, 『소로우의 탐하지 않는 삶』

지금 선생님의 나이라면 내게 어울리지 않는 것을 탐하지 않을 힘이 있지만, 여러분 나이에는 이곳저곳 기웃거리며 샘도 나고 부럽기도 할 거예요. 꽃은 피는 시기가 다르고, 피는 곳도 다 다르답니다. 꽃들은 서로를 시기하지 않아요. 서로 어울리며 꽃의 아름다움을 맘껏 뽐낸답니다. 옆의 친구가 공부를 잘한다고 샘이 나나요? 나도 경쟁하며 그처럼 잘하고 싶은가요? 이 세상에는 그 친구 말고도 공부를 잘하는 친구들이 무척 많아요. 그들을 다 따라할 건가요? 언제까지요?

내가 꽃 피울 장소가 어딘지, 꽃 피울 시기가 언제인지 생각해보세요. 가장 자기다운 것이 가장 아름다운 것입니다. 잡초는 이름이 없고 못생기고 이익을 주지 않는다고 잡초가 아닙니다. 제자리에 있지 못할 때 잡초가 되는 것이지요. 논에 난 산삼도 논의 입장에서 보면 잡초인 것입니다. 그런데 어리석은 사람들이 산삼을 보고 논에 제대로 난 벼를 갑자기 잡초로 보는 것이지요. 논에는 벼가 있고 보리밭에는 보리가 있을 때 비로소 잡초가 안 되는 것입니다.

공부를 잘하는 친구가 마냥 부러워 보이나요? 그 친구도 인생을 살면서 제자리와 제 시기를 못 찾으면 한순간에 잡초가 되는 거예요. 그러니 무모한 친구와의 경쟁보다는 여러분이 있을 제자리와 제 시기를 생각해보세요. 공부 잘하는 친구는 '이른 시기에 피는 꽃이구나'라고 생각하면 어떨까요? 여러분은 좀 늦게 피는 코스모스나 국화일 수도 있는 거예요. 저마다 아름다운 꽃들이랍니다. 누구라도 빨리 피지 않는다고 재촉할 수는 없는 것이죠. 여러분 자신을 믿으세요. 그리고 소중한 여러분 자신을 위해 물도 주고 거름도 주세요. 언젠가는 여러분의 시기와 자리에 딱 맞는 꽃을 피울 것입니다. 자연은 이토록 우리에게 많은 가르침을 주지요.

친구와의 경쟁은 이제 그만!

공룡이 지구상에서 사라진 원인을 두고 많은 학자들의 논란이 있었어요. 그러나 최근 밝혀진 것으로 공룡은 나눔과 공유를 하지 못해 이 지구상에서 사라졌다고 하는 이론이 나와 흥미 있게 읽은 적이 있어요. 앞으로는 나눔과 공유를 할 줄 알아야 미래 사회를 바꿀 인재가 된답니다. 이기심으로 나눔과 공유를 하지 못한다면 공룡과 같이 어느 날 갑자기 이 세상에서 사라질지도 모르죠.

　미래 사회에서는 상생과 협력만이 살 길이에요. 합치면 더 큰 힘을 발휘하죠. 이것을 '집단 지성'이라고 해요. 과거에는 지식의 양이 적었기 때문에 똑똑한 사람이 성공할 수 있었죠. 앞으로는 지식의 양이 상상을 초월할 정도로 증가하기 때문에 혼자서 할 수 있는 일이란 거의 없다고 해도 과언이 아니에요. 그러니 친구와의 경쟁보다는 어떻게 하면 친구와 협력하여 상생의 길을 갈 것인가를 고민해야 해요. 차츰 기업도 착한 기업, 사회적 기업만이 사람들의 사랑을 받을 거예요. 우리 모두를 위한 것이 아니면 사람들로부터 외면을 받는 세상이 온 거예요. 나만 아는 이기적인 생활 태도를 가졌다면 여러분의 생존을 위해서라도 반드시 고쳐야 해요. 당장은 힘들겠죠? 방법 하나 알려드릴게요.

'위선(僞善)'을 하면 돼요. 위선이란 말이 어감이 좋지 않게 들리죠. 그런데 이 말이 중국에서 처음 쓰였을 때는 참으로 좋은 말이었다고 해요. '거짓으로 선을 행한다'는 뜻이죠. 이렇게 처음에는 거짓이었더라도 계속 그와 같은 행위를 반복하면 '선의 에너지 장'으로 들어가게 된다고 해요. 당장은 친구와 경쟁하고 이기적인 행동을 하고 있지만 의도적으로 한 번 두 번 남을 배려하는 행동을 반복하다 보면 어느새 그것이 나의 행동으로 된답니다. 이런 작은 노력들이 모이면 여러분은 참으로 좋은 사람이 될 거예요.

주도성을 가지려면 자존감이 높아야 해요

'진로'가 태어나서 죽을 때까지 우리가 나아갈 길이라고 했죠? 진로는 곧 인생이랍니다. 인생에서 가장 중요한 것은 자신의 인생에서 '주인'이 되는 것이에요. 요즘 꿈이 없는 친구들이 무척 많지요? 왜 그럴까요?

친구들이 꿈이 없는 건 자신이 자기 인생의 주인이 아니기 때문이에요. 내 인생의 주인이 되어야 꿈도 가질 수 있는 것이랍니다. 꿈은 자신을 사랑하고 가꾸어주는 사람을 좋아해서 그런 사람에게만 꿈의 씨앗을 준답니다. 내 인생의 주인이 될 때 자신을 사랑하고 자신의 인생을 사랑할 수 있으며, 스스로 선택할 수 있고, 선택한 것에 책임도 질 수 있는 거예요. 이것을 우리는 '주도성'이라 하죠. 주도성이 있어야 주인 의식을 갖고 '꿈'

을 꿀 수 있는 거예요.

주도성은 어떻게 생길까요? 스스로 자기 가치를 귀하게 여기는 '자존감'이 있어야 해요. 이런 마음이 있어야 스스로 선택하고 책임을 지는 인생을 살아갈 수 있으니까요. 자존감에는 자신이 사랑과 관심을 받을 만한 가치가 있는 사람이라는 '자아 가치(self-worthiness)'와 주어진 일을 잘해 낼 수 있다고 믿는 '유능감', 이 두 가지가 필요하답니다.

자존감과 혼돈되어 사용되는 것이 자부심과 자존심이에요. 자부심(authentic pride)은 자신의 능력이나 노력에 의한 성과를 통해 일시적으로 생기는 긍정적인 자의식이에요. 시험을 잘 보았다거나 대회에서 수상을 했을 때 느끼는 마음이지만 자존감과 일치하지는 않아요. 자존감이 높은 친구는 시험을 못 보아도, 대회에서 수상을 하지 않아도 스스로를 귀하게 여기니까요.

자존심(hubristic pride)은 누구보다 더 부자이고, 누구보다 더 예쁘고, 누구보다 공부를 잘하고 등등 다른 사람과의 비교를 통해 자신을 인정하려는 마음이에요. 자존감이 낮은 친구가 자존심이 높은 이유는 친구들과의 비교에서 자신이 제대로 평가받지 못하는 상황을 못 견뎌 하기 때문이랍니다. 반면 자존감이 높은 친구는 자신의 부족한 부분까지 자신의 일부로 받아들이며 있는 그대로 수용하기 때문에 굳이 남과 비교할 필요가 없지요.

자존감이 낮은 친구들은 학업이나 자신의 진로에 대해서도

자존감이 높은 사람의 특징	자존감이 낮은 사람의 특징
행복해한다.	불행하다고 느낀다.
실패를 두려워하지 않는다.	실패를 두려워한다.
자신의 감정에 솔직하다.	이기적이다.
다른 사람의 감정과 생각을 인정하고 공감하고 배려할 줄 안다.	지적하는 것을 불편해한다.
지적을 하면 성장할 기회를 준 것에 고마워한다.	열정이 없다.
열정을 가지고 있다.	솔직하게 도움을 청하지 않고 자신을 감춘다.
힘들 때는 솔직히 말하고 도움을 청한다. 자신의 감정을 받아준 것에 대해 고마움을 느낀다.	자살로 마감할 수도 있다.
자신의 인생의 주인은 '나'라고 생각하고 삶에 대한 책임감을 느낀다.	자신의 삶에 대한 주인 의식이 없으므로 삶에 대한 책임감을 못 느끼고 남의 탓으로 생각한다.

관심과 의욕이 없어요. 학업이나 진로 설계는 에너지가 많이 드는 작업인데, 자존감이 낮은 친구들은 자신이 가지고 있는 모든 에너지를 자신의 '자아 가치'를 지켜내기 위해 쓰기 때문이에요. 반대로 자존감이 낮은 친구들도 공부는 얼마든지 잘할 수 있어요. 자존감이 낮다 보니 자신의 자아 가치를 높이기 위해 좋은 학벌과 좋은 직업, 부와 권력으로 자신을 높이려 하기 때문이지요. 이 모든 것을 가졌어도 자존감이 낮으면 행복을 느낄 수 없답니다.

행복은 주도성에 있답니다

자존감이 높아야 주도성이 생기고, 스스로 삶을 개척하고 책임질 수 있을 때 행복하게 되는 것이죠. 자존감이 높은 사람은 자신의 능력과 한계를 솔직히 바라보고 가꾸며 돌보는 사람들이랍니다. 이처럼 자신의 한계를 긍정하는 힘은 많은 사람들에게 가르침과 영향력을 주는 것이지요. 그래서 솔직한 사람이 힘(power)이 있는 거랍니다.

『오체불만족』을 쓴 오토다케 히로타다는 팔다리가 없이 태어났지만 체육 시간을 가장 좋아하여 달리기, 야구, 농구, 수영 등을 즐겼다고 해요. 남들은 이런 그를 보고 장애라고 했지만 오토다케는 자신만이 가지고 있는 '신체적 특징'이라고 말한답니다. 자신이 세상에 태어난 것은 '팔다리가 없는 나만이 할 수 있는 그 무엇이 있기 때문'이라 생각한다고 해요.

오토다케는 자신을 사랑하고, 자신의 가치를 인정하는 자존감이 높은 사람이죠. 그렇기 때문에 신체의 불편함을 극복하고 방송 리포터나 교사를 선택하여 주도적인 삶을 살고 있으며 우리에게 많은 감동을 주는 것이랍니다.

주도성이 우리를 행복하게 만든다는 것에 대한 또 다른 예가 있답니다. 오스트리아의 심리학자 빅터 프랭클 박사는 자신의 실화를 쓴 『죽음의 수용소에서』에서 인간은 '주도적인 사람'과 '반사적인 사람'이 있다고 말하고 있어요. 반사적인 사람은 기분이나 상황에 좌우되어 반응하는 사람을 말하는데, 이런 사람은 행복할 수 없다는 거죠. 왜냐하면 모든 것이 남 탓으로 보이기 때문이에요. 그러나 주도적인 사람은 모든 것을 본인의 자유의지로 선택하고 스스로 책임을 지기 때문에 매 순간 최선을 다할 수 있으며 이때 행복을 느낀다고 합니다. 결국 인간은 주도적이 될 때 행복하게 되는 것입니다.

수용소라는 힘든 상황에도 의미 부여를 하여 자기 인생을 통제할 수 있는 힘(power)을 갖게 될 때 자기 인생의 주인이 되며 행복을 느끼는 것이죠. 시간도, 자유의지로 스스로 선택한 활동을 위해 쓸 때 시간을 통제하는 것이며, 이러한 통제의 경험이 여러분을 행복으로 안내하는 거예요.

행복한 자기 주도 학습자가 되세요

예전에는 교사가 학생을 가르치는 교육이 중심이었으나 최근에는 학생이 중심이 되어 배우는 학습을 더 중요하게 생각한답니다. 'teaching에서 learning으로' 교육 패러다임이 바뀐 것이지요. 이와 같은 교육 패러다임의 변화는 지식사회가 되어 새로운 것을 배우지 않고서는 살아가기 힘들게 되면서 더 환영받고 있어요.

그러니 여러분, 평생 공부를 주도적으로 하는 '평생 학습자'로서의 자세를 잃지 말아야 한답니다. 자기 주도 학습자가 되기 위해서는 세 가지 요건이 필요해요. 첫째는 스스로 목표를 설정하는 것이고, 둘째는 실행하는 것이고, 셋째는 반성할 줄 알고 그 반성의 결과를 다음 목표 설정에 반영하는 것이에요.

자기 주도 학습을 학생 혼자 하는 것으로 오해하는 친구들이 있지만, 오히려 자기 주도 학습은 친구, 부모님, 선생님과의 대화나 피드백을 통해 알아가는 과정이 매우 중요하답니다. 보상을 위한 공부가 아닌, 스스로의 선택에 의해 책임지는 공부를 해야 공부에 드는 에너지를 통제하고 조절할 수 있답니다.

주도적이 되면 자유의지로 선택을 할 수 있어 모든 것을 조절하고 통제하는 힘을 갖게 되지요. 여러분 인생을 스스로 통제하고 조절해보세요. 인생은 여러분이 하는 게임보다 더 재미있고 신나는 게임이랍니다. 여러분의 시간을 통제하고, 여러분의 공부를 통제하고, 나아가 여러분의 인생을 통제해보세요. 주인으로서 삶을 사는 것이 여러분의 인생을 행복하게 만드는 길이랍니다.

매사에 자신감이 없어요

자신감이 없다는 것은 자존감의 조건 중 '유능감'이 없다는 말이에요. 유능감은 자기 스스로 해낸 작은 성취들이 일상생활에서 모아져야 생긴답니다. 꼭 공부가 아니더라도 자신이 잘할 수 있는 것을 스스로 계획을 세우고 끝까지 이루어보세요. 성취를 했다면 자신에게 아낌없이 칭찬을 해주세요. 이처럼 작은 성취를 통해 유능감이 생기고, 유능감을 통해 자존감이 높아지며, 높아진 자존감은 여러분을 주도적인 사람으로 만들어 삶의 주인으로 살아갈 수 있게 해줄 거예요.

혼자서 할 수 있는 것이 없어요

왜 우리는 혼자서 할 수 있는 것이 없는 걸까요?

아기 때는 모든 것을 혼자서 할 수 없었어요. 커가면서 부모님이 가르쳐주시는 걸 배워 밥도 혼자 먹을 수 있게 되었고 학교도 혼자 갈 수 있게 되었죠. 만약 부모님이 지금까지도 먹여주고 데려다 주었다면 여러분이 이런 일을 혼자서 할 수 있었을까요?

혼자서 하는 것(독립성, 주도성)은 나이가 든다고 저절로 얻어지는 것이 아니랍니다. 꾸준한 훈련을 통해 가질 수 있는 것이지요. 여러분이 혼자서 할 수 있는 것이 없다면 여러분은 이를 위한 교육이나 훈련을 못 받은 것이랍니다.

우리 몸은 우리가 먹은 음식으로 이루어져요. 누군가 상한 음식을 주면 온몸으로 거부할 수 있어야 합니다. 그러지 않으면 죽음으로 갈 수도 있으니 거부의 몸짓은 나를 살리는 길이자 상대방을 살리는 방법이기도 하답니다. 그러니 온몸으로 거부해야 해요.

우리는 부모님이 주시는 사랑과 교육으로 자란답니다. 그런데 부모님도 잘못된 사랑과 잘못된 교육을 주실 때가 있어요. 여러분이 혼자서 할 수 없게 되는 게 이런 경우랍니다. 여러분이 독립할 수 있는 사랑과 교육을 주시는 것이 아니라 독립할 수 없는 상한 음식 같은 사랑과 교육을 주고 계신 거에요. 이때 여러분은 온몸으로 거부해야 합니다. 그것이 여러분을 살리고 결국에는 부모님도 살리는 길이랍니다.

부모님이 원하시는 직업과
제가 원하는 직업이 달라요

누구나 자신의 삶의 주인으로 살아갈 권리가 있답니다. 부모님이 원하시는 것과 여러분이 원하는 것이 다르다면 무엇을 선택해야 할까요? 여러분의 삶은 누가 뭐래도 여러분의 것입니다. 부모님이라 할지라도 여러분 인생의 주인이 될 수는 없는 것이죠. 부모님 또한 여러분이 스스로 주인이 되는 삶을 지켜주셔야 하고요.

만약 여러분이 부모님이 원하시는 직업을 선택하여 일생을 보낸다고 가정해봐요. 여러분은 어떤 기분이 들까요? 아마 굉장한 후회가 밀려들 것입니다. 그리고 어떤 상태에 처하게 될까요? 자신의 삶을 지키지 못한 무능한 주인에게 여러분의 삶은 무어라 말을 할까요?

자신을 브랜딩하세요

자신이 가진 시간과 공부와 인생 계획을 스스로 통제하며 행복하게 살고 있는 고등학생을 만났어요. '글로벌 인재 포럼'이라고, 선생님이 매년 참석하던 포럼에서였지요. 참석한 사람들과 자유롭게 대화를 나누며 친목을 도모하는 휴식 시간 겸 네트워킹 시간이었는데요, 한 친구가 눈에 확 들어오는 거예요. 옷차림도 깔끔한 정장에 나비넥타이, 자신의 얼굴을 닮은 브로치까지 달고 있어 호기심이 생겼죠. 젊은 친구가 평상시에 정장에 나비넥타이를 한다는 것은 흔치 않은 일이거든요. 다가가서 멋있다는 칭찬과 함께 나이를 물어봤어요. 고등학교 3학년 학생이었답니다. 선생님은 깜짝 놀랐죠. 사실 그 포럼이 열린 때가 대학수학능력시험 바로 전이라 더 놀랐던 거죠.

"학생, 수능이 얼마 안 남았는데 시험공부는요?"

"저는 대학에 안 갈 거예요."

저는 또 물었죠. 사실 그 포럼은 고등학생은 참석할 수 없는 포럼이었어요.

"여기는 고등학생이 못 오는 걸로 알고 있는데 학생은 어떻게 참석할 수 있었죠?"

"저는 고등학생으로 참석한 것이 아니라, 청년 창업인 협회 회장 자격으로 온 거예요."

이 말을 듣고 선생님은 사실 충격을 받았어요. 선생님이 학생들을 만나며 "주도적으로 사세요"라는 말을 많이 강조했지만, 김정인 학생처럼 자신의 인생을 스스로 브랜딩해서 자신의 가치를 높이는 학생은 보지 못했거든요. 자신이 갈 수 없는 곳에 스스로를 브랜딩하여 갈 수 있는 자격을 획득하고, 남들이 자신에게 할 수 없을 거라고 말하는 분야에서 스스로를 브랜딩하여 할 수 있음을 당당히 보여주는 친구였어요.

선생님은 그 순간, 이 학생은 정말 훌륭하게 될 친구구나, 자신을 이렇게 멋지게 브랜딩할 수도 있구나, 감탄했지요. 선생님의 가슴을 뛰게 한 멋진 친구였어요. 더 가깝게 지내고 싶어 전화번호를 물으니 명함을 주더군요. 한 번 더 충격이었죠.

선생님은 아들이 패션을 할 것이어서 패셔너블한 친구들을 보면 호기심이 생겼었는데, 이 친구는 상상 밖이었어요. 그날 아들에게 김정인 학생 이야기를 하고 명함을 주었는데, 요새는 둘이 뜻을 같이하는 친구로 지내고 있답니다.

여러분, 김정인 학생 멋있지 않나요? 자신을 브랜딩해서 세상에 당당히 자신의 목소리를 내는 김정인 학생과 같은 여러분이 되세요.

★ 김정인 학생과의 인터뷰

선생님은 김정인 학생이 더 궁금해졌답니다. 김정인 군에게 인터뷰를 청해 그의 계획을 들을 수 있었어요.

"저는 어릴 때부터 평범한 것이 싫었어요. 중학교 2학년 때 패션 브랜드를 만들고 싶다는 창업의 꿈을 키웠죠. 그런데 미술을 하는 친구들은 학원에 가서 매일 똑같은 그림만 그리는 거예요. 외국에서는 실기보다 생각을 더 중요시하잖아요. 저도 같은 생각이라 유학을 준비했어요. 그런데 갑자기 한국 디자인계를 생각을 중시하는 풍토로 바꾸자는 생각이 들었어요. 그때부터 생각과 지식을 강조하는 패션과 창업에 관심을 가졌어요.

고1 때는 창업이란 글자만 봐도 가슴이 뛰었고, 이 세상이 모두 창업으로 보였어요. 물론 나의 생활도 모두 창업과 관련지었고, 지금까지 창업 아이템 노트를 쓰고 있어요. 저는 창원에 살지만 매주 금요일 서울에 와서 패션업계 사람들을 만나고, 전시회, 박람회 등을 보며 자기계발에 힘쓰고 있어요.

저의 꿈은 '기업가 정신 교육 프로그램'을 정규 과목으로 공교육에 넣는 거예요. 우리나라 학생들이 부모님의 지시에 따라 맹목적인 공부만 하는 현실에서 우리가 갈 길이 하나만 있는 것이 아니라는 것을 알려주고 싶어요.

2013년에는 창업 재단의 후원을 받아 캠프도 개최했고요, 2012년부터 경매를 통해 유명 인사와 점심식사를 하는 프로그램인 'Best of Best Lunch(내 인생 최고의 점심식사)'를 운영해왔어요. 저는 제가 만든 회사로 더 나은 세상을 만들기 위해 회사명도 '나은지(naunge = naun + change)'로 했어요."

기업가 정신 교육 프로그램이 무엇인가요?

기업가 정신 교육 프로그램은 자신이 열정을 가진 분야에서 자기 주도적 태도로 혁신적인 문제해결 과정을 통해 사회에 가치를 실현하는 것을 돕는 교육이에요. 미국과 유럽 등 선진국에서는 이미 오래전부터 기업가 정신 교육을 국가 전략 수준에서 계획하여 초등학생부터 기업가 정신을 체험할 수 있도록 교과과정으로 채택하고 있답니다.

기업가 정신 교육이라고 하면 흔히들 창업을 하고 기업을 운영하는 방법을 가르치는 교육이라고 생각하는데, 기업가 정신 교육 프로그램의 핵심은 인생의 주인으로서 자기 주도성을 체화하고 자신의 목표를 실현하는 데 있어요. 이런 점에서 기업가 정신 교육은 창업 교육보다 상위의 개념이라고 할 수 있답니다. 모든 개인은 기업가 정신을 갖고 있으며, 삶의 모든 분야에서 기업가 정신이 발현될 수 있으므로 이를 발휘하며 살아야 하는 거죠.

앞으로 기존의 수많은 직업이 사라지고 새로운 직업이 나타나는 상황에서 기업가 정신을 토대로 자신만의 새로운 직업을 창출하고 자신의 진로를 개척해야 한답니다. 그래야 개인도 경쟁력을 갖게 되는 것이죠. 기업가 정신 교육 프로그램은 주인

의식과 자기 주도성 확립을 통해 스스로 인생의 리더로 살아갈 수 있는 '셀프 리더십'을 기르는 교육이라고 보면 돼요. 이를 위해서는 항상 '왜'라는 질문을 하는 습관이 필요하답니다.

이러한 교육을 하는 곳으로 STEP의 기업가 정신 교육 프로그램이 있어요. 김정인 학생이 이루고자 하는 것을 실천하고 있는 곳이죠. 궁금하다면 http://step is에서 확인해보세요. 또 창업 교육 관련 정보에 대해서는 정부의 비즈쿨 및 창업 관련 정부 지원 사업 정보(bizcool.go.kr/changupnet.go.kr), 전국청소년창업협회(http://ysa.or.kr) 및 청년기업가정신재단(http://yesleaders.com) 등의 사이트를 통해 다양한 창업 교육과 지원 사업을 알아볼 수 있답니다.

stepping stone
VIII

너의 능력을
보여줘!

이 세상에는 피는 시기와 장소가 다른 수많은 꽃들이 있답니다.
여러분은 어떤 꽃인가요? 능력과 끼를 맘껏 드러내는 재능의 꽃을 활짝 피워보세요!

창의 체험 활동은 어떻게 해야 하나요?

자! 이제 창의 체험 활동을 할 차례입니다. 맞춤식 교육과정을 통해 콘텐츠가 쌓이면 관심 분야의 창의 체험 활동을 해야 합니다. 창의 체험 활동은 고등학교에서 하는 것이지만 초등학교나 중학교에서 하는 것도 좋답니다. 창의 체험 활동이란 여러분이 선택한 분야가 정말 여러분과 맞는지를 시험하는 경험을 하는 거랍니다. 체험을 통해 그 분야가 자신과 맞지 않음을 알게 되는 경우도 있기 때문에, 이런 경험은 빨리 해서 진로 방향을 바꿀 수 있다면 더 좋겠죠?

여러분이 진로 분야를 정했다 하더라도 어디서 어떤 창의 체험 활동을 해야 할지 모를 수도 있어요. 그래서 교과부에서는 창의 인성 체험을 할 수 있는 곳을 지역별로 모아 알려주는 사이트를 개설했답니다. '크레존(crezone.net)'이라는 사이트예요. 이곳에 가서 여러분이 사는 곳을 선택하면 그 지역에서 할 수 있는 창의 체험 활동 장소와 내용이 실려 있답니다. 사이트를 찾아 자신에게 맞는 창의 체험 활동을 신청하세요.

체험을 한 후에는 창의 체험 활동을 기록할 수 있는 사이트 인 '에듀팟(edupot.go.kr)'에 들어가 경험한 내용을 기록하면 된답니다. 이렇게 모인 기록들은 여러분이 입학사정관제로 대학에 갈 때 유용하게 사용되니 정성을 다해 기록해야 해요.

단, 창의 체험 활동을 할 때에는 '일관성'이 매우 중요하답니다. 에듀팟에 기록할 수 있는 양이 한정되어 있으므로 자신의 진로와 관련된 분야를 선택해 기록합니다. 간혹 자신의 진로와 관련이 없는 창의 체험 활동 기록을 남겨 입학사정관들에게 좋은 인상을 주지 못하는 친구들도 있거든요. 예를 들어 교육학과를 지망한다면, 루소의 『에밀』을 읽고, 인재 개발 포럼에 참석하고, 조손 가정 어린이들을 가르친 체험을 했다면 일관성이 있다고 보는 거죠.

여러분이 선택한 진로에 맞는 스마트한 창의 체험 활동으로 좋은 성과를 거두기 바랍니다. 물론 대학에 가기 위해서만이 아니라 여러분의 미래를 위한 핵심 역량을 기르기 위해서이지요.

여러분을 알릴 수 있는 플랫폼을 가지세요

자신만의 맞춤식 교육과정을 밟으면서 쌓게 되는 실력이 바로 '콘텐츠'라는 것입니다. 콘텐츠가 쌓이게 되면 자신이 가진 콘텐츠를 세상에 알리는 것이 중요해요. 아무리 좋은 콘텐츠를 갖고 있다 할지라도 알리지 않으면 아무도 모른답니다. 이를 위해 소통을 위한 플랫폼이 있어야 해요.

여러분을 알릴 수 있는 플랫폼으로는 블로그, 페이스북, 트위터, 홈페이지 등이 있어요. 자신의 관심 분야를 공부해서 플랫폼을 통해 열심히 알리는 거예요. 미국에서는 일자리를 구하는데 페이스북이 많이 활용되고 있답니다. 여러분이 올린 글이나 사진, 동영상과 같은 콘텐츠가 회사 임원들에게 알려져 취직하는 경우도 있으니 적극적으로 여러분을 알리는 데 활용했으면해요.

관심을 두고 있는 직장이 있다면 연구해서 사업 제안서를 보내보는 것도 좋고, 관심 가는 분야의 전문가들과 이메일을 주고받는 것도 좋답니다. 여러분이 얼마나 그 분야에 열정을 갖고 열심히 살고 있는가를 알리세요.

너의 능력을 보여줘!

여러분, '나비효과(butterfly effect)'라는 말을 들어보셨나요? 나비효과는 에드워드 로렌츠가 「중국 베이징에 있는 나비의 날갯짓이 미국 뉴욕에서 발생한 폭풍의 원인이 될 수 있는가?」라는 논문에서 사용한 단어랍니다. 로렌츠는 현대 과학이 천체 운동이나 로켓 운동은 정확하게 예측하면서 왜 날씨만은 예측하지 못할까, 라는 의문을 갖고 연구했다고 해요.

나비효과란 중국 베이징에서 나비의 날갯짓 같은 작은 변화가 대기에 영향을 주고 이 영향이 시간이 지날수록 증폭되어 긴 시간이 흐른 후 미국 뉴욕을 강타하는 허리케인과 같은 엄청난 결과를 가져온다는 거예요.

한 사람의 작은 변화가 인류 전체에 엄청난 결과를 가져올 수 있다는 것으로 해석될 수 있죠. 모든 결과의 시작이 작은 원인에서 시작된다는 나비효과는 결국 모든 변화의 시작은 '나'에게서 비롯된다는 것을 의미하죠. 중국의 사상가 노자가 말한 "작은 변화가 큰 변화"나 성경에 씌어진 "네 시작은 미약하였으나 네 나중은 창궐하리라"라는 말과 같다고 보면 돼요.

선생님은 이 책에서 여러분의 진로에 대한 이야기를 했지만, 지금 여러분이 학생이기 때문에 결국 미래의 꿈을 실천할 수 있는 공부에 대한 이야기가 많았네요. 꿈은 간절한 만큼 이루어 진답니다. 여러분은 꿈에 중독되어야 해요. 여러분이 꿈을 꾸면 세상의 에너지가 나를 중심으로 형성되며, 에너지를 끌어오는 강한 자성의 원리가 나의 간절한 열망인 꿈을 이루게 하는 것이에요.

'셸드레이크 장'이란 말이 있어요. 셸드레이크 장이란 '형태 형성의 장'이라고도 해요. 셸드레이크 박사의 이론에 따르면 한 번 일어난 일은 두 번, 세 번 일어날 수 있다고 하네요. 역사나 사회 배경도 장기적으로 보면 같은 일의 반복인데, 이처럼 아주 비슷한 사건이 연속적으로 일어나는 것은 왜일까요?

셸드레이크 이론은 몇 번이나 같은 일이 일어나면 그런 일이 일어나는 형태의 장이 만들어져 이 장에 공명하여 같은 일이 다시 일어난다는 이론이에요. 이때 형태의 장이란 집을 지을 때의 설계도와 같은 것이랍니다. 꿈을 이루기 위해 하루하루 성실히 노력하는 것은 꿈의 셸드레이크 장이 되어 여러분의 미래에도 좋은 영향을 미칠 거예요.

스스로 세운 꿈을 향해 목표를 설정하고, 지금과 다른 내가 되기 위해 노력하는 것을 셀프 리더십이라고 하죠. 이러한 삶의 흔적들이 후배들에게 좋은 영향을 끼칠 때 여러분은 진정한 리더가 되는 거랍니다. 리더란, 자기 관리 능력이 뛰어나 자신을 통제하며 사는 그를 존경해 따르는 사람이 많아질 때 가능하답니다. 셀프 리더는 자신만을 위한 것이 아닌 타인을 위한 배려와 봉사로 행해질 때 더 빛나게 되죠.

"할 수 있는 사람은 행동하며, 할 수 없는 사람은 가르친다"라는 말이 있어요. 선생님은 이 책에서 여러분에게 진로를 찾아 개발하는 방법을 알려드렸어요. 여러분은 누군가를 가르치기보다 행동을 통한 위대한 실천으로 선생님을 뛰어넘는 '자이언트'가 되길 바라요. 여러분을 간절히 기다리는 세계인들이 있다는 걸 기억하시고요.

여러분의 미래를 위해 간절히 기도할게요.

여러분의 지혜를 믿어요

선생님은 이 책을 쓰면서 울컥했던 적이 한두 번이 아니랍니다. 선생님은 여러분의 부모님에게 어떻게 여러분을 제대로 사랑하고 제대로 교육하여 이 사회가 원하고 필요로 하는 사람으로 키워낼 것인가를 알려드리는 선생님이었어요.

나름 소명의식을 갖고 열심히 하였답니다. 그러나 어느 순간 선생님의 부족으로 한계를 느끼게 되었어요. 그동안 많은 부모님이 달라지시는 모습을 보아왔지만, 어떤 부모님의 경우 변화하기를 두려워하시는 모습도 보았답니다. 그래서 더 이상 시간을 지체하지 말자, 이번에는 여러분에게 직접 다가가야겠다고 생각했어요. 그리고 여러분의 지혜에 기대어보자고 결심하게 되었답니다.

그렇다고 선생님이 훌륭한 부모라는 생각은 말아주세요. 선생님도 그렇게 좋은 부모는 아니었답니다. 그러나 지속적인 공부를 통해 선물을 받게 되었는데, 그것이 무엇인지 궁금하시죠?

선생님도 처음에 부모 교육을 공부하기 시작했을 때에는 선생님 아이만 잘 키워보려고 했어요. 책에서 말한 것처럼 사심이었죠. 그런데 공부는 아무리 사심에서 출발했어도 노력하다 보면 어느 순간 공심을 갖게 된답니다.

선생님도 열심히 하다 보니 조금 선물을 받았는데, 그 선물은 내 아이만이 아니라 우리의 아이들 즉 여러분에게도 선생님이 알고 있는 인생의 시크릿을 나누어주고 싶어졌다는 거예요.

이 책을 통해 선생님이 알게 된 것들을 여러분에게 전할 수 있게 되어 너무 감사하고 기쁩니다. 만약 이 책을 읽고 여러분의 삶에 조금이라도 변화를 가져오게 된다면 그 기쁨을 무어라 표현할 수 있겠어요?

이 책이 부족하다면 선생님 자체가 부족한 것이라 생각돼요. 선생님도 더 노력하여 더 좋은 내용으로 다시 만나도록 할게요. 그동안 여러분도 참으로 소중한 자신의 인생을 사랑하고, 인생의 주인이 되어 삶을 열심히 가꾸기를 바라요. 선생님도 다시 여러분을 위해 노력하고 있을 테니 가끔 소식 전해주시고요.

선생님이 공부하면서 가장 어려웠을 때 용기가 되어준 글이 있어요. 이 글귀를 책상 앞에 써놓고 힘들 때마다 보았답니다.

"누군가 한 일은 나도 할 수 있다."

인생의 선배 누군가가 한 일은 여러분도 할 수 있다는 말이에요. 먼 훗날 여러분도 후배 누군가에게 힘을 주는 선배가 되었으면 해요. 그러려면 지금 최선을 다하는 노력을 통해 여러분 인생의 기적을 창조해보세요. 그 기적이 인생의 후배 누군가에게 힘이 될 거예요.

인생은 이렇게 누군가의 도움을 받고, 도움을 받은 누군가는 또 다른 누군가에게 도움을 주는 아름다운 순환이 피어나는 곳이에요. 여러분과 선생님이 이 아름다운 우주의 참으로 가까운 공간과 시간 속에 함께함에 감사를 드립니다.

여러분의 귀하고 소중한 인생을 낭비하지 마시고, 여러분 삶속에 지혜로운 판단과 선택이 함께하길 기원할게요.^^

여러분을 많이 사랑하고 많이 미안한 선생님이.

부록 | 다중지능검사를 해보세요

	질문(아래 질문을 읽고 체크하세요)	1. 전혀 그렇지 않다 (전혀 없다)	2.별로 그렇지 않다 (거의 없다)	3.보통이다	4.대체로 그렇다 (많다)	5.매우 그렇다 (아주 많다)
1	나는 다른 사람의 말을 잘 들어주는 편이다.					
2	나는 수 개념이 뛰어나고 계산 능력이 좋다.					
3	나는 노래를 박자에 맞추어 부를 수 있다.					
4	나는 원근, 방향, 길이를 효과적으로 표현하는 능력이 있다.					
5	나는 운동을 잘한다.					
6	나는 사물보다 사람에게 관심이 많다.					
7	나는 타인보다 나에게 관심이 많다.					
8	나는 자연을 좋아하고 관심이 많다.					
9	나는 다른 사람과 말하기를 좋아한다.					
10	나는 논리적 사고를 하여 인과관계를 잘 파악한다.					
11	나는 악기를 잘 다루며 악보를 잘 파악한다.					
12	나는 평면에 공간적인 특성을 표현할 수 있다.					
13	신체를 이용해 도구를 적절히 활용할 수 있는 능력이 있다.					
14	내 주위에는 언제나 사람들이 많이 있다.					
15	나는 나의 감정의 변화를 잘 알고 조절하는 능력도 가지고 있다.					
16	동식물을 좋아하고 잘 기른다.					
17	나는 지식의 대부분을 책을 읽는 것에서 얻는다.					

	질문(아래 질문을 읽고 체크하세요)	1. 전혀 그렇지 않다 (전혀 없다)	2.별로 그렇지 않다 (거의 없다)	3.보통이다	4.대체로 그렇다 (많다)	5.매우 그렇다 (아주 많다)
18	나는 사물을 잘 분류하고 범주화한다.					
19	나는 뭔가가 떠오르면 곡을 만들고 싶다.(작곡)					
20	나는 재료를 사용해 입체감 있게 구성할 수 있는 능력이 있다.					
21	나는 내 머릿속에 떠오른 동작을 신체를 통해 표현할 수 있다.					
22	나는 각 개인의 차이점을 알고 이해를 잘한다.(기분, 성향, 의도 등)					
23	나는 나의 능력을 잘 알고 있으며 이를 조절하고 계발하는 능력이 있다.					
24	광물을 잘 구별하는 능력이 있다.					
25	나는 듣고 말하는 것보다는 쓰는 것이 더 편하고 잘 전달할 수 있다.					
26	나는 가설을 논리적으로 푸는 능력이 있다.					
27	나는 음악을 감상하며 곡의 내용을 이해할 수 있다.					
28	나는 재료에 상관없이 아름답게 꾸미는 데 관심이 많다.					
29	나는 큰(작은)근육을 잘 쓴다.					
30	나는 집단의 특성을 이해하고 문제해결할 수 있는 능력이 있다.					
31	나는 미래를 위해 나의 감정과 행동을 조절할 수 있다.					
32	패턴 구별 능력이 있다.					

● 답지

	1	2	3	4	5	6	7	8
	9	10	11	12	13	14	15	16
	17	18	19	20	21	22	23	24
	25	26	27	28	29	30	31	32
합계								

1. 다중지능검사지에서 본인에게 해당되는 난에 체크한다.

2. 답지에 각 번호에 해당하는 숫자를 기록한다.(예를 들어 1번 문항의 답을 3으로 체크했다면 1번 아래 3이라고 기록한다.)

3. 다 기록한 후 세로로 더해 합계란에 합산한 숫자를 기록한다.(예를 들어 1번, 9번, 17번, 25번 문항의 답의 숫자를 더해 합계란에 쓴다.)

4. 세로 행은 각기 1-언어 지능, 2-논리수학 지능, 3-음악 지능, 4-공간 지능, 5-신체운동 지능, 6-대인 지능, 7-대내 지능, 8-자연 지능을 의미한다.

5. 합산 숫자가 큰 것이 강점 지능이고, 합산 숫자가 가장 낮은 것은 약점 지능이다.

네 꿈은 뭐니?

10대를 위한 행복한 진로

ⓒ 백은영, 2013

초판 1쇄 발행 2013년 6월 14일
초판 5쇄 발행 2019년 6월 5일

지은이   백은영
그린이   고현열
펴낸이   정은영

펴낸곳   (주)자음과모음
출판등록 2001년 11월 28일 제2001-000259호
주소   04047 서울시 마포구 양화로6길 49
전화   편집부 (02)324-2347, 경영지원부 (02)325-6047
팩스   편집부 (02)324-2348, 경영지원부 (02)2648-1311
E-mail   jamoteen@jamobook.com

ISBN 978-89-5624-410-5 (43300)